AVALIAÇÃO INOVADORA
NOVAS PRÁTICAS AVALIATIVAS EM SALA DE AULA

Editora Appris Ltda.
1.ª Edição - Copyright© 2024 dos autores
Direitos de Edição Reservados à Editora Appris Ltda.

Nenhuma parte desta obra poderá ser utilizada indevidamente, sem estar de acordo com a Lei n° 9.610/98. Se incorreções forem encontradas, serão de exclusiva responsabilidade de seus organizadores. Foi realizado o Depósito Legal na Fundação Biblioteca Nacional, de acordo com as Leis n°s 10.994, de 14/12/2004, e 12.192, de 14/01/2010.

Catalogação na Fonte
Elaborado por: Dayanne Leal Souza
Bibliotecária CRB 9/2162

D286a
2024
	Debald, Blasius Silvano
	   Avaliação inovadora: novas práticas avaliativas em sala de aula / Blasius Silvano Debald, Fátima Regina Bergonsi Debald. – 1. ed. – Curitiba: Appris, 2024.
	   175 p. : il. ; 21 cm. – (Coleção Educação, Tecnologia e Transdisciplinaridades).
	
	   Inclui referências.
	   ISBN 978-65-250-7002-5
	
	   1. Avaliação inovadora. 2. Práticas avaliativas. 3. Docentes transformadores. I. Debald, Blasius Silvano. II. Debald, Fátima Regina Bergonsi. III. Título. IV. Série.
	
	   CDD – 371.1

Livro de acordo com a normalização técnica da ABNT

Appris *editora*

Editora e Livraria Appris Ltda.
Av. Manoel Ribas, 2265 – Mercês
Curitiba/PR – CEP: 80810-002
Tel. (41) 3156 - 4731
www.editoraappris.com.br

Printed in Brazil
Impresso no Brasil

Blasius Silvano Debald
Fátima Regina Bergonsi Debald

AVALIAÇÃO INOVADORA
NOVAS PRÁTICAS AVALIATIVAS EM SALA DE AULA

Appris editora

Curitiba, PR
2024

FICHA TÉCNICA

EDITORIAL	Augusto Coelho
	Sara C. de Andrade Coelho

COMITÊ EDITORIAL

- Ana El Achkar (Universo/RJ)
- Andréa Barbosa Gouveia (UFPR)
- Antonio Evangelista de Souza Netto (PUC-SP)
- Belinda Cunha (UFPB)
- Délton Winter de Carvalho (FMP)
- Edson da Silva (UFVJM)
- Eliete Correia dos Santos (UEPB)
- Erineu Foerste (Ufes)
- Fabiano Santos (UERJ-IESP)
- Francinete Fernandes de Sousa (UEPB)
- Francisco Carlos Duarte (PUCPR)
- Francisco de Assis (Fiam-Faam-SP-Brasil)
- Gláucia Figueiredo (UNIPAMPA/ UDELAR)
- Jacques de Lima Ferreira (UNOESC)
- Jean Carlos Gonçalves (UFPR)
- José Wálter Nunes (UnB)
- Junia de Vilhena (PUC-RIO)
- Lucas Mesquita (UNILA)
- Márcia Gonçalves (Unitau)
- Maria Aparecida Barbosa (USP)
- Maria Margarida de Andrade (Umack)
- Marilda A. Behrens (PUCPR)
- Marília Andrade Torales Campos (UFPR)
- Marli Caetano
- Patrícia L. Torres (PUCPR)
- Paula Costa Mosca Macedo (UNIFESP)
- Ramon Blanco (UNILA)
- Roberta Ecleide Kelly (NEPE)
- Roque Ismael da Costa Güllich (UFFS)
- Sergio Gomes (UFRJ)
- Tiago Gagliano Pinto Alberto (PUCPR)
- Toni Reis (UP)
- Valdomiro de Oliveira (UFPR)

SUPERVISORA EDITORIAL	Renata C. Lopes
PRODUÇÃO EDITORIAL	Daniela Nazario
REVISÃO	Ana Carolina de Carvalho Lacerda
DIAGRAMAÇÃO	Bruno Nascimento
CAPA	Eneo Lage
REVISÃO DE PROVA	Alice Ramos

COMITÊ CIENTÍFICO DA COLEÇÃO EDUCAÇÃO, TECNOLOGIAS E TRANSDISCIPLINARIDADE

DIREÇÃO CIENTÍFICA Dr.ª Marilda A. Behrens (PUCPR)   Dr.ª Patrícia L. Torres (PUCPR)

CONSULTORES

- Dr.ª Ademilde Silveira Sartori (Udesc)
- Dr. Ángel H. Facundo (Univ. Externado de Colômbia)
- Dr.ª Ariana Maria de Almeida Matos Cosme (Universidade do Porto/Portugal)
- Dr. Artieres Estevão Romeiro (Universidade Técnica Particular de Loja-Equador)
- Dr. Bento Duarte da Silva (Universidade do Minho/Portugal)
- Dr. Claudio Rama (Univ. de la Empresa-Uruguai)
- Dr.ª Cristiane de Oliveira Busato Smith (Arizona State University /EUA)
- Dr.ª Dulce Márcia Cruz (Ufsc)
- Dr.ª Edméa Santos (Uerj)
- Dr.ª Eliane Schlemmer (Unisinos)
- Dr.ª Ercilia Maria Angeli Teixeira de Paula (UEM)
- Dr.ª Evelise Maria Labatut Portilho (PUCPR)
- Dr.ª Evelyn de Almeida Orlando (PUCPR)
- Dr. Francisco Antonio Pereira Fialho (Ufsc)
- Dr.ª Fabiane Oliveira (PUCPR)
- Dr.ª Iara Cordeiro de Melo Franco (PUC Minas)
- Dr. João Augusto Mattar Neto (PUC-SP)
- Dr. José Manuel Moran Costas (Universidade Anhembi Morumbi)
- Dr.ª Lúcia Amante (Univ. Aberta-Portugal)
- Dr.ª Lucia Maria Martins Giraffa (PUCRS)
- Dr. Marco Antonio da Silva (Uerj)
- Dr.ª Maria Altina da Silva Ramos (Universidade do Minho-Portugal)
- Dr.ª Maria Joana Mader Joaquim (HC-UFPR)
- Dr. Reginaldo Rodrigues da Costa (PUCPR)
- Dr. Ricardo Antunes de Sá (UFPR)
- Dr.ª Romilda Teodora Ens (PUCPR)
- Dr. Rui Trindade (Univ. do Porto-Portugal)
- Dr.ª Sonia Ana Charchut Leszczynski (UTFPR)
- Dr.ª Vani Moreira Kenski (USP)

Dedicamos esta obra aos nossos filhos Alano e Isabel, pessoas extraordinárias e que fazem parte desta construção, pois aprendemos muitas das práticas avaliativas com o processo educativo aplicado em suas diferentes fases da vida.

AGRADECIMENTOS

Agradecemos aos colegas docentes que contribuíram com suas sugestões e exemplos para que essa obra fosse concluída. Somos eternamente gratos pela generosidade e parceria.

*Nas grandes batalhas da vida,
o primeiro passo para a vitória é o desejo de vencer.*
(Mahatma Gandhi)

APRESENTAÇÃO

O processo de inovação pedagógica na educação superior já é uma realidade e tem relação com a utilização de novas metodologias (desafios, projetos, problemas, gamificação e *cases*), tecnologias e aplicativos educacionais, currículos disruptivos baseados em competências pessoais e profissionais, objetivos de aprendizagem, estratégias e atividades educativas focadas no exercício profissional (reais ou simuladas), organização do espaço de estudos de modo mais colaborativo, ambientes virtuais de aprendizagem (AVA), incluindo materiais de apoio mais dinâmicos. A educação superior, na terceira década do século XXI, mantém poucos resquícios nos quesitos de avaliação, metodologia e planejamento se comparada às últimas décadas do século anterior.

Esse processo de mudanças pedagógicas, curriculares e metodológicas nos métodos de promover a aprendizagem dos estudantes suscita questionamentos como: o docente acompanha tais mudanças, adaptando-se aos novos tempos? As avaliações consideram o novo cenário ou continua-se a avaliar apenas memorizações certo/errado, como éramos então avaliados?

Essas respostas nem sempre são fáceis de serem obtidas, pois envolvem um conjunto de decisões institucionais e dependem de como os gestores compreendem tais processos inovadores. Formar profissionais que tenham domínio das competências para o exercício da profissão requer um currículo capaz de contemplar as reais necessidades de ação no exercício profissional. É evidente que somente é possível ser competente quando se tiver domínio dos conhecimentos e souber aplicá-los em situações reais da profissão. Agora, se quero insistir com uma formação alicerçada na teoria, a pergunta a ser respondida é: o que o estudante precisa saber?

Conforme a escolha do processo de aprendizagem a ser implementado, a avaliação terá uma determinada finalidade. No primeiro, focado na formação profissional, o docente estimulará o estudante a pensar como um profissional em formação e não como acadêmico. O que muda nessa lógica? Quando se pensa como acadêmico, realiza-se trabalhos, estuda-se, faz-se provas, atividades e espera-se a correção do professor, importando-se principalmente nos acertos para obtenção de boas notas. A consequência é o desempenho (nota). Agora, quando se pensa como profissional em formação, a decisão equivocada pode trazer consequências além do desempenho, como no seguinte desafio.

Um padeiro precisa preparar 350 pães franceses para o café da manhã de um hotel. Recebeu a receita com todos os ingredientes, mas não está especificada a quantidade de cada produto para a massa. Se forem acadêmicos, farão o cálculo dos ingredientes e esperarão a correção do docente que lhes dirá quanto à correção ou ao erro da resposta. Contudo, sendo profissionais em formação, terão um cuidado maior, pois caso errem o cálculo, os pães não ficarão a contento dos clientes, ameaçando o sucesso do café da manhã do hotel. A dedicação e o empenho serão diferentes e dependem da maneira como encaminhamos o desafio para os estudantes.

Nesse sentido, a avaliação inovadora tem como princípio a formação profissional, alicerçada em conhecimentos aplicados aos contextos do exercício da profissão. Não se trata de mera reprodução e memorização de conhecimentos teóricos, mas sim o que o estudante faz e como os aplica no exercício profissional. Para tanto, os docentes também precisam, além do essencial domínio teórico, ter experiência profissional, a fim de orientar e mediar o desenvolvimento das competências requeridas para o futuro exercício da profissão.

A obra traz experiências de como o docente pode aplicar tal modelo educacional e avaliativo em sala de aula, melhorando a aprendizagem e reforçando o protagonismo do profissional em formação. Nosso desafio como docentes é *ensinar a aprender*, auxiliando o estudante a planejar sua trajetória profissional desde o primeiro dia no curso superior. Constitui uma nova docência para aquele estudante que busca mais orientação e mediação de práticas profissionais do que teorias, que, facilmente, são encontradas nos conteúdos programáticos e também em textos e vídeos disponíveis na internet.

A composição das dez temáticas partiu da experiência prática aplicada como princípios de uma proposta inovadora de processo de aprendizagem e, consequentemente, de avaliação. A novidade está na sua forma de executar na prática da sala de aula do que na sua conceituação.

A obra foi desenvolvida no período entre 2018 e 2024, convivendo com docentes, estudantes e colegas que pensam, aplicam e desenvolvem alternativas avaliativas que rompem com o modelo tradicional da prova. É fruto de uma vivência prática, aplicada em sala de aula e que, na visão dos estudantes e colegas, ressignificou o processo avaliativo.

Os autores

PREFÁCIO

POR UMA AVALIAÇÃO INOVADORA

O convite para prefaciar esta publicação é uma honra e, ao mesmo tempo, uma tarefa que envolve a responsabilidade e o rigor na leitura do livro intitulado *Avaliação inovadora: novas práticas avaliativas em sala de aula*, escrito pelo Dr. Blasius Silvano Debald e sua companheira de vida pessoal e profissional, Prof.ª Me. Fátima Regina Bergonsi Debald, ambos sócios do Instituto de Educação Talenttos e anos dedicados a educação básica e superior. O Dr. Blasius e a Me. Fátima possuem experiências na área da educação e seus currículos expõem uma vasta participação em eventos nacionais e internacionais com a apresentação de inúmeros resultados de pesquisas. Eles orientam estudantes de graduação e pós-graduação *lato* e *stricto sensu*, além de organizar inúmeros eventos acadêmicos regionais, nacionais e internacionais. Saliento também seu elevado número de publicações em revistas e livros.

Blasius e Fátima apresentam-nos sua obra como um "diálogo" acerca da avaliação enquanto "inovadora" e com novas "práticas avaliativas", como uma trilogia didática: avaliação, inovação e práticas avaliativas. Essa trilogia enfatizada pelos autores evidencia suas atitudes profissionais comprometidas com as teorias pedagógico-didáticas e sua preocupação com os processos inovadores para compreender as relações de unicidade teoria-prática e, enfim, reconfigurar as práticas avaliativas. Os autores refletem, ensinam, aprendem, investigam, avaliam e socializam conhecimentos, tecnologias e inovações. Eles são, portanto, coerentes com a indissociabilidade entre ensino, pesquisa e extensão norteadores da Educação Superior.

A avaliação é um dos elementos substantivos da Didática Geral ou Fundamental; é integrada aos objetivos, aos conteúdos, às metodologias e às técnicas de ensino e aprendizagem, às tecnologias, à avaliação e à relação pedagógica. Ela é um dos focos centrais da obra de Blasius e Fátima Debald, que discutem com clareza e exemplos criativos para diversos cursos de graduação, como Biomedicina, Agronomia, Arquitetura e Urbanismo, Psicologia, Educação Física, Engenharia da Produção, além da avaliação em situações de práticas de laboratórios e atividades fora da sala de aula. Vale ressaltar que as leituras e as sugestões nas avaliações acadêmicas são sempre acompanhadas de sugestões de quadros e tabelas, para avaliar situações de aprendizagem com proposta de critérios, no sentido de favorecer a compreensão dos procedimentos avaliativos. Isso com certeza indica a transparência, a visibilidade do processo avaliativo assumido pelo docente e o seu conhecimento pelos estudantes.

A leitura atenta para compreender o significado da avalição da aprendizagem na Educação Superior estabelece também uma trilogia: as concepções de avaliação e suas modalidades; o *feedback* e os procedimentos avaliativos virtuais; e as topologias da avaliação. São três movimentos que estruturam este prefácio.

O primeiro deles diz respeito à concepção conservadora e técnica que concebe a avaliação como um processo final de caráter classificatório e seletivo por meio da memorização e da reprodução de conteúdo apresentados pelo docente. Avaliar significa atribuição de notas, atém-se apenas nos resultados; prevê o distanciamento entre ensino e *aprendizagem*. É uma prática abstrata, sem vida, torna-se um instrumento de poder e de dominações. É um ato de cunho quantitativo de controle burocrático e se esgota na construção de instrumentos que não levam em consideração os próprios critérios avaliativos. Que avaliação é essa? Onde ela se fundamenta? É uma tendência Didática Tecnicista e Neotecnicista? Que didática é essa, afinal? Essa concepção envolve algumas consequências:

- a finalidade da Didática é com a eficiência e eficácia;
- a mecanização do processo de ensino tendo em vista o treinamento;

- a difusão do ensino programado, microensino e modelos de ensino, entre outros; e
- a ênfase na dimensão técnica.

Com relação à Didática Tecnicista, o foco central de avaliação é somativo que produz essas consequências citadas. A Didática Tecnicista não oferece elementos suficientes e necessários à análise das práticas avaliativas.

Nesse primeiro momento, deve-se explorar a concepção inovadora ou edificante da Didática Geral, como está empenhada e em como a instituição educativa funciona bem, preocupada em resgatar a sua função social e primordial: ensinar para produzir a aprendizagem. O trabalho docente está centrado na formação do ser humano. Enfim, a Didática inovadora ou edificante é contextualizada, utópica, seus elementos estruturantes e principalmente as avaliações devem ser analisados e ressignificados. No caso da avalição, ela contribui para transformar suas práticas. Nesse sentido, o grande desafio é assumir a avaliação inovadora e superar tanto a Didática Tecnicista como a avaliação fundamentada na perspectiva didática de reflexão mais técnica. Cabe, portanto, ao docente decidir o "para que", o "que" e o "como" ensinar e o "como" avaliar, a partir do contato com o estudante.

É interessante destacar, então, a concepção de avaliação inovadora reflexiva proposta pelos autores do livro. Pelo apresentado, verifica-se que os pontos fundamentais da avaliação são: é diagnóstica e focada na aprendizagem; valoriza o percurso e não o fim; integra o ensinar e o aprender; não centraliza no produto em detrimento do processo de aprendizagem; é formativa e somativa; fornece *feedback*; promove inovações; é um processo contínuo e investigativo.

Vista dessa forma, a avaliação inovadora assume um posicionamento pedagógico-didático claro, cujo objetivo é provocar ruptura para outro posicionamento da prática avaliativa, também edificante e mais crítica e ética. A avaliação inovadora não é neutra, ela está inserida em um contexto maior da educação superior e, de modo geral, na educação brasileira para o desenvolvimento pleno do estudante, como pessoa, para o exercício da cidadania e da qualificação para o trabalho, conforme art. 2º da LDB, Lei n.º 9394/96.

O segundo movimento explora a relevância dos critérios para avaliar a aprendizagem, as modalidades de *feedbacks* avaliativos e os procedimentos tecnológicos e virtuais. Essa dinâmica fortalece também a avaliação formativa pelos professores na mediação de aprendizagem e procura o princípio da visibilidade dos limites das condições objetivas da prática avaliativa.

O último movimento dá ênfase às modalidades de avaliação, como a autoavaliação, a avaliação por competências; as atividades em equipes, coletivas, e as de aprendizagem individuais; e, enfim, as atividades desenvolvidas em ambientes de aprendizagens virtuais.

Finalizo lembrando a importância dos espaços coletivos dos cursos, bem como as possibilidades de participação e colaboração de docentes a estudantes. Aproveito para enaltecer e dar destaque aos princípios que devem reger a avaliação inovadora: a indissociabilidade entre ensino, pesquisa e extensão, a interdisciplinaridade e a contextualização, entre outros preceitos.

Esta obra elaborada pelo Dr. Blasius e Me. Fátima Debald chama a nossa atenção para a necessidade imperiosa da formação continuada dos docentes para atender às inovações do mundo contemporâneo e, ainda, aos movimentos de rupturas com o conservadorismo ainda impregnados nas práticas avaliativas. Procurei, também, articular a Didática Geral com um dos seus componentes substantivos: a avaliação inovadora e suas práticas.

Na certeza de que este livro estimulará outras e variadas reflexões para a melhoria da qualidade social da Educação Superior, deixo aqui meu convite para a leitura dessa relevante obra que visa à profissionalização da docência de forma continuada.

Ilma Passos Alencastro Veiga
Prof.ª titular emérita da Faculdade de Educação da Universidade de Brasília
Goiânia, 30 de junho de 2024

SUMÁRIO

CAPÍTULO 1
AVALIAÇÃO FORMATIVA DA APRENDIZAGEM 21

CAPÍTULO 2
AVALIAÇÃO MEDIADORA DE PROJETOS E DESAFIOS 35

CAPÍTULO 3
CRITÉRIOS PARA AVALIAR A APRENDIZAGEM 49

CAPÍTULO 4
MODALIDADES DE FEEDBACKS AVALIATIVOS 69

CAPÍTULO 5
WEBFÓLIO, PORTFÓLIO E PROCESSOFÓLIO AVALIATIVOS 83

CAPÍTULO 6
AUTOAVALIAÇÃO DA APRENDIZAGEM 97

CAPÍTULO 7
AVALIAÇÃO POR COMPETÊNCIAS 111

CAPÍTULO 8
AVALIAÇÃO DE ATIVIDADES DE APRENDIZAGEM EM EQUIPES 125

CAPÍTULO 9
AVALIAÇÃO DE ATIVIDADES DE APRENDIZAGEM INDIVIDUAIS.... 143

CAPÍTULO 10
AVALIAÇÃO EM AMBIENTES DE APRENDIZAGEM VIRTUAIS............157

ALGUMAS CONSIDERAÇÕES FINAIS.. 171

ÍNDICE REMISSIVO..173

CAPÍTULO 1

AVALIAÇÃO FORMATIVA DA APRENDIZAGEM

> [...] de fato, a avaliação da aprendizagem deveria servir de suporte para a qualificação daquilo que acontece com o educando, diante dos objetivos que se têm, de tal modo que se pudesse verificar como agir para ajudá-lo a alcançar o que procura.
>
> (Luckesi, 2005, p. 58)

1.1 CONVERSA INICIAL

O processo de aprendizagem modificou-se nas últimas décadas, especialmente após a introdução das inovações na educação superior, como as metodologias ativas, as tecnologias educacionais, os currículos por competências, as matrizes por projetos e tantas outras. Contudo, a avaliação não acompanhou com a mesma velocidade tais transformações, mantendo-se a aplicação, na maioria das instituições superiores, de instrumentos alicerçados apenas na reprodução e memorização.

O contexto é oportuno para abordar a avaliação formativa da aprendizagem, não de uma forma prescritiva, mas na prática cotidiana do docente, trazendo estratégias aos docentes de como podem mudar suas práticas avaliativas. É desafiador, é provocador, requer pensar e ousar no ato de planejar e atuar em sala de aula.

Os docentes estão cansados de ter em suas aulas estudantes desinteressados, dispersos e sem vontade para estudar. Tal situação é decorrente da forma como organizamos o processo de aprendizagem, de forma abstrata e sem significado. À medida que elaborarmos atividades de aprendizagens que requerem conexão, envolvimento e protagonismo dos estudantes, aí sim haverá mudança na postura, com participação e envolvimento no que for proposto.

E a avaliação formativa será um pilar do processo inovador, pois não focará mais a memorização e reprodução, e sim a aplicabilidade dos conhecimentos em situações cotidianas, atendendo ao que preveem as novas propostas curriculares da educação brasileira. Se a educação básica está em mudança, a superior tem experiências bem-sucedidas em várias instituições que estão ousando não fazer o mesmo e implementando, na prática, novas possibilidades de formação profissional.

1.2 AVALIAÇÃO E CULTURA DOCENTE

> *O professor é quem sabe o que os alunos precisam aprender; é ele quem é capaz de reconhecer e descrever o desempenho desejável, assim como indicar como o desempenho ainda incipiente pode ser melhorado.*
>
> (Villas Boas, 2006, p. 81)

A educação superior, nas duas primeiras décadas do século XXI, passou por processos de mudanças e transformações, impulsionadas pelas metodologias ativas, utilização de tecnologias educacionais, reestruturação curricular, aprendizagem baseada em competências e projetos, bem como pela gestão acadêmica. Contudo, quanto ao processo avaliativo, os avanços foram tímidos e pouco condizentes com o contexto de inovação experienciado no campo educacional.

Você, como docente, entende como é difícil avançar em modelos avaliativos que tenham como finalidade a verificação da aprendizagem, pois há um conceito equivocado de avaliação na cultura docente. Entende-se que a avaliação, que predomina nas instituições brasileiras, assenta-se como o processo final, no qual o estudante precisa demonstrar sua capacidade de memorização e reprodução dos conteúdos ensinados. Uma das possibilidades para implementar processos avaliativos formativos focados na aprendizagem é elaborar instrumentos desafiadores que requeiram aplicação dos conhecimentos. Assim o estudante aplicará, no exercício profissional, o que aprendeu e o docente avaliará se houve ou não compreensão e aprendizagem.

Enquanto pensarmos a avaliação como sinônimo de atribuição de notas, manteremos o equívoco que as instituições e muitos docentes cometem, uma vez que não é essa a finalidade das verificações que os estudantes realizam ao longo do bimestre, semestre ou ano. É intenção apresentar a avaliação formativa e processual, que valoriza o percurso e não o fim. Para Da Silva, Menezes e Fagundes (2017, p. 29)

> [...] o processo avaliativo oportuniza novos equilíbrios, aumentando e melhorando o conhecimento, porém para que este processo aconteça, o aluno precisa ser desafiado pelo novo, e não apenas buscar informações para respondê-las em uma prova escrita, onde as respostas poderão ser decoradas apenas para aquele momento.

> *"A avaliação é tão importante quanto o ensinar a aprender, pois requer participação do estudante e docente em todas as etapas."*

Tentarei exemplificar a avaliação formativa como processo com uma cena cotidiana. Imagine você entrando numa padaria e solicitando uma xícara de café com leite. Você é atendido e sua xícara de café com leite, quentinha, está à sua frente, pronta para ser degustada. Não há nenhuma ação sua, além do pedido e da degustação. Esse é um exemplo de avaliação somativa, na qual se avalia o produto, não havendo interesse de como e qual processo foi realizado para se chegar a tal conclusão.

Agora, como seria se você participasse do processo, como é o recomendável na avaliação formativa, do preparo de sua xícara de café com leite. Começaremos com o leite: **cortar** o pasto. **Tratar** a vaca. **Ordenhar** a vaca. **Coar** o leite. **Acender** o fogo para esquentar o leite. **Cuidar** até ferver. Agora o café: **selecionar** os grãos mais secos e de melhor qualidade. **Moer** o café. **Colocar** o pó no coador. **Ferver** a água. **Adicionar** água quente ao pó de café. **Coar** o café.

Concluídas as duas partes, precisa pegar uma xícara, colocar o café e adicionar o leite. Agora, é só degustar. A participação nas etapas do processo de preparar uma xícara com café com leite oportuniza a você avaliar o processo, o que o estudante fez, as decisões que tomou e se foram assertivas para chegar ao produto. Esse é o percurso de uma avaliação formativa, quando se analisam as etapas. Se, por ventura, um dos processos requeira ajustes ou melhorias, o docente fornece o feedback, indicando o que foi realizado com maestria, o que ainda pode ser aperfeiçoado e como deve proceder para alcançar a execução mais adequada.

Esse é o recomendável quando promovemos aprendizagens significativas. Nesse contexto processual, a finalidade avaliativa formativa assume uma nova perspectiva:

> [...] da preocupação sobre como recordar informação, passou-se ao interesse sobre como transferi-la a outras situações [...] de saber aplicar fórmulas previamente aprendidas ou memorizadas para resolver problemas, passou-se à necessidade de planejar-se problemas e encontrar estratégias para resolvê-los [...] a importância dos resultados se transformou no interesse pelos processos da aprendizagem dos alunos [...] a valorização da quantidade de informação, da recitação de memória e da erudição está dando lugar a destacar a importância do saber como capacidade para buscar de forma seletiva, a ordenar e interpretar informação, para dar-lhe sentido e transformá-la em conhecimento (Nascimento, 2003, p. 73).

Há o entendimento de que processos avaliativos em uma perspectiva formativa rompem com a tradição avaliativa, uma vez que provocam mudanças em sua finalidade. Esse é, segundo Nascimento (2003), o diferencial de um processo de aprendizagem alicerçado na formação profissional.

A avaliação formativa na educação superior oportuniza o acompanhamento do tempo de aprendizagem do estudante, considerando as características individuais, propondo ajustes ao percurso formativo. Contudo, para se ter êxito na implementação de uma avaliação processual, há a necessidade de investir em formação docente, pois uma mudança significativa na prática avaliativa requer reaprender. A contribuição de Scallon (2018) é oportuna, pois reforça a ideia da importância de se apreciar o contexto do desempenho,

> [...] de interessar-se pelo caminho percorrido pelo indivíduo para chegar à solução do problema. Essa atenção dada ao processo é inerente à noção de assessment e traduz bem o papel de 'assessor' de um saber ou de um saber-fazer desempenhado pelo avaliador (Scallon, 2018, p. 47).

Muitos avaliadores sem muita experiência atem-se apenas ao resultado, sem observar o percurso realizado pelo estudante na resolução do desafio. Assim, o erro não é utilizado como um elemento de aprendizagem, mas como uma punição ou, pior, como justificativa para uma possível recuperação, exame ou reprovação. Há, portanto, um distanciamento entre avaliação e aprendizagem, trazendo prejuízos à formação profissional.

> *"Os instrumentos avaliativos requerem criatividade na sua elaboração para verificar a ocorrência de aprendizagens."*

Para ficar mais claro como organizar a avaliação formativa como processo na educação superior, apresentaremos, a partir de um componente curricular de um curso de graduação, um exemplo de procedimento, elaborado com o auxílio do colega Jorge Alberto Bittencourt Saraiva.

Curso: Ciências Contábeis.

Temática: Imposto de renda.

Objetivo de aprendizagem: Orientar o processo de declaração de renda no sistema da Receita Federal.

Desafio: Os contribuintes brasileiros são obrigados a declarar o imposto de renda anualmente, e a sua forma de elaboração está especificada em legislação pertinente. Seu escritório de contabilidade recebeu um cliente brasileiro que trabalha no Paraguai e possui renda, consequentemente, originária do exterior. Esse cliente quer comprar uma casa e financiar uma parte por um banco no Brasil. Qual a orientação que você, jovem contador, passará para o seu potencial cliente em relação à declaração de imposto de renda? Elabore um parecer recomendável para a situação, auxiliando o cliente a tomar a decisão mais adequada.

O desafio requer do estudante compreensão da temática do imposto de renda, além de familiaridade com o sistema da Receita Federal, as orientações referentes ao que faz parte da declaração, os documentos que precisam ser anexados e as deduções que podem ser consideradas. Ainda precisa verificar qual é a melhor opção para o cliente. Aqui há um clássico exemplo de uma questão de avaliação que olha o processo formativo para verificar se houve ou não aprendizagem. Se fizesse uma questão simples como "O que é imposto de renda?", o estudante poderia responder e acertar, com memorização (somativa), mas quando requer aplicação dos conhecimentos, analisa o processo, portanto é formativa.

Você docente precisa se atentar quanto ao desenvolvimento de competências (conhecimentos, habilidades e atitudes), pois é dessa forma que contribuirá para a formação profissional. Barkley e Major (2020, p. 378) afirmam que

[...] ajudar os estudantes a aprender a se importar com o conteúdo da disciplina, bem como o mundo que os cerca, é um elemento importante na aprendizagem significativa. Seja uma mudança positiva na forma como os estudantes se sentem em relação a fenômenos e ideias específicos de assuntos, seres humanos ou o próprio processo de aprendizagem, o interesse os inspira a investir energia em seu aprendizado.

Se o ato de avaliar for parte do processo de aprendizagem, servirá para que os estudantes o utilizem para melhorar sua formação profissional, pois receberão, de forma instantânea, orientações e/ou feedbacks, norteando o percurso educativo. É, portanto, um processo contínuo e formativo no qual o estudante estará em contato com o docente e receberá orientações quanto aos procedimentos, para ajustar o que de forma equivocada tenha elaborado.

> *"O processo educativo é uma construção que requer interação entre estudantes e docentes, em forma de parceria, avaliando todas as etapas."*

O nosso desafio como docentes da educação superior é pensar em um processo de aprendizagem significativo e ativo, no qual estabelecemos uma parceria com os estudantes, cuja finalidade é o desenvolvimento de competências pessoais e profissionais, requisitos valorizados pelo mundo do trabalho. Assim, ao estabelecer condições adequadas para a aprendizagem e houver clareza dos objetivos a serem alcançados, estar-se-á acompanhando o processo, de forma individualizada, avaliando para realizar as intervenções necessárias para o aprender efetivo.

Como docentes que auxiliam na formação de profissionais, não podemos ficar alheios às inovações no campo avaliativo e essa foi uma opção assertiva que fiz na trajetória docente, pois aproximei-me dos estudantes à medida que os auxiliei a melhorar suas produções, orientando-os ao longo das etapas de sua formação. É evidente que nem sempre tomamos as melhores decisões quanto ao ato de avaliar, mas se estudarmos mais, estaremos preparados para mudar a forma de avaliar, valorizando o processo de aprendizagem.

Você, docente da educação superior, assim como eu, sabe que o ato de avaliar transcende ao binômio aprovação/reprovação, pois a essência está na aprendizagem e de que forma foi construída, vivenciada e experienciada. As instituições de educação superior precisam investir na formação dos docentes, incentivando a avaliação formativa, especialmente a que se debruça e acompanha o processo de aprendizagem dos estudantes. Assim, haverá tempo para auxiliá-los a superar dificuldades, refazer as trajetórias e aprender com maior propriedade.

1.3 AVALIAÇÃO APLICADA AO COTIDIANO

> *A relação professor-aluno, enquanto relação avaliador-avaliado, é vivida como uma relação de poder na medida em que a avaliação é compulsória, tem consequências importantes para a vida escolar e pós-escolar dos alunos e impõe unilateralmente uma determinada grelha de interpretação da realidade que faz com que a relação entre avaliador e avaliado seja uma relação de dominação.*
>
> (Afonso, 2005, p. 20)

O processo avaliativo requer transparência e confiabilidade entre estudantes e o docente, para que não ocorram desconfianças ou mesmo situações subjetivas, com margem para falas como *"é o protegido do professor"*, uma vez que, conforme Afonso (2005), o ato de avaliar impacta na vida dos alunos.

As referências de avaliação que guardamos ao longo de nossa vida, normalmente, nos remetem ao contexto escolar, independentemente do nível e da modalidade, associados ao fazer provas. Inexplicavelmente, a falta de conexão com o mundo real faz com que o processo avaliativo seja uma prática abstrata e sem significado.

Vamos apresentar alguns exemplos do nosso cotidiano de como o processo de avaliação está presente, permeando as ações, tanto na vida social e/ou profissional. Assim, se você quiser ensinar aos seus filhos educação financeira, quais os procedimentos ou etapas que pode utilizar para promover uma aprendizagem significativa e realizar um processo avaliativo assertivo? Imaginemos que eles tenham a idade entre sete e nove anos. Para cada um você dará R$ 20,00 para gastar em compras de supermercado.

Você os orientará para que verifiquem os preços, a necessidade da compra e sua urgência. Também, se o produto ou a compra desejada cabe no orçamento que receberam para fazer o investimento. Após as compras, em casa, você se reúne com ambos os filhos e analisa o que compraram e se seguiram a orientação. Ouve seus argumentos e justificativas e, por fim, faz suas considerações, indicando os acertos e os ajustes, caso sejam necessários.

No exemplo está uma avaliação formativa que considera o processo realizado, composta das seguintes etapas:

1º – destinação do valor a ser investido na compra;

2º – a seleção do produto, a partir dos critérios pré-estabelecidos como necessidade;

3º – enquadrar-se no valor e urgência;

4º – o pagamento e se eventualmente teve troco;

5º – a avaliação que considera os critérios;

6º – devolutiva com feedback, destacando os elementos positivos do processo e o que, eventualmente, precisa ser aperfeiçoado. Assim, considerando as seis etapas, temos o processo avaliativo formativo.

> *"A avaliação está presente em nossa vida e serve para orientar os processos de aprendizagem para a vida quanto à tomada de decisões."*

Se na vida cotidiana seguimos etapas para as realizações, o estudante da educação superior, em cursos de formação profissional, deve orientar-se pelos mesmos princípios, pois não podemos separar a ação da avaliação, uma vez que são complementares. É por isso que defendemos a avaliação formativa, que faz parte do processo de aprendizagem. E se formos capazes de valorizar a experiência do estudante e sua prática cotidiana, a avaliação se tornará mais eficaz.

Agora, como podemos planejar a avaliação formativa, que faz parte do processo de aprendizagem, na educação superior? Este é um questionamento comum dos docentes que atuam em sala de aula e enfrentam o desafio de pensar os processos avaliativos. De fato, há literatura em quantidade sobre a temática, contudo, raras são as que apresentam ou explicam experiências ou práticas bem-sucedidas. Nesse sentido, apresentaremos alguns exemplos do ato de planejar, sem pretensão de reinventar a roda, mas para auxiliar no planejamento docente, uma vez que a "[...] função central do ato de avaliar é subsidiar soluções para os impasses diagnosticados, a fim de chegar de modo satisfatório aos resultados desejados" (Luckesi, 2011, p. 186).

Utilizaremos como exemplo o curso de Publicidade e Propaganda, com o componente curricular *"Criação de arte para uma peça publicitária"*. Vamos supor que o docente solicitou aos estudantes que criassem uma peça publicitária para uma campanha de agasalho, promovida pela ONG Abrigo. Para tanto, requisitou aos estudantes uma pesquisa referente aos moradores de rua e como enfrentam os dias de frio. Na sequência, os estudantes foram orientados pelo docente a pensarem como sensibilizariam a população a aderir à campanha, indicação dos locais de coleta e a forma de distribuição.

O exemplo envolve um processo de aprendizagem, envolvendo conhecimentos de fundamento, por exemplo, a organização de uma campanha publicitária, assim como a elaboração do conceito e as etapas da campanha. Na atividade, podemos avaliar o desempenho dos estudantes em cada etapa, ao longo do processo de aprendizagem, classificando-a como formativa, pois o passo a passo nos permite avaliar cada momento realizado:

1º – realização de uma pesquisa com os moradores de rua para saber como enfrentam os dias de frio, servindo como diagnóstico;

2º – campanha de sensibilização da população para o problema, gerando empatia;

3º – escolha dos locais que serão os pontos de coleta para que as pessoas saibam onde fazer as entregas;

4º – criação do conceito, para ficar claro que a intencionalidade é ajudar a quem mais precisa;

5º – organização da distribuição do que foi coletado. As etapas compõem o processo e permitem avaliar se alcançamos o estabelecido. Isso significa que o feedback, a cada etapa, auxiliará a melhorar a performance dos estudantes. É, portanto, uma avaliação formativa, pois avalia o processo de aprendizagem.

Quero chamar a atenção para um processo avaliativo que tenha significado e seja eficaz para avaliar a aprendizagem. O conceito, parecer ou nota é uma consequência do desempenho do estudante. No entanto, se o estudante for bem orientado, tiver interações significativas, então a aprendizagem será efetiva. Para Hadji (2001, p. 15) "[...] o que é, efetivamente, ensinar, senão ajudar os alunos a construir os saberes e competências".

> *"A avaliação em sua essência assume o compromisso de diagnosticar situações de aprendizagem para auxiliar o docente na tomada de decisões."*

Assim, cabe a nós, no cotidiano da sala de aula, pensar em estratégias avaliativas que valorizem a criatividade, a inovação e os demais elementos presentes em um processo de aprendizagem. E a parceria entre docentes e estudantes pode fazer a diferença, na aprendizagem, assim como no momento da avaliação, pois o que será avaliado é o realizado e aprendido, com aplicação em situações do exercício profissional.

1.4 ENCAMINHAMENTOS FINAIS

> *[...] o propósito primordial da avaliação é o de melhorar a aprendizagem, ajudar os alunos a superar as dificuldades, uma cultura que parte do elementar princípio de que todas as crianças e jovens podem aprender.*
>
> *(Fernandes, 2009, p. 29)*

A avaliação na educação superior, quando assume um caráter de parte integrante do processo de aprendizagem, compromete-se em auxiliar o estudante em suas dificuldades, traçando um plano de orientação para superar os entraves que impedem seu pleno desenvolvimento pessoal e profissional. A fim de alcançar tal propósito, requer-se dos docentes formação e preparação para mudarem suas práticas avaliativas em sala de aula.

Processos avaliativos de perspectiva formativa são mais aceitos pelos estudantes, uma vez que se aproximam mais da aprendizagem e se afastam da lógica punitiva. Se analisarmos o porquê de uma pessoa passar quatro ou cinco anos fazendo um curso superior, entenderemos que ela tem o desejo de aprender uma profissão. Faz parte nessa formação os conhecimentos teóricos que fundamentam o fazer profissional, o desenvolvimento de habilidades e atitudes e, especialmente, a vivência prática. Assim, o docente terá condições de avaliar se o estudante desenvolveu ou não as competências profissionais requeridas.

É evidente que para dar resultado, a qualidade do docente é imprescindível, pois somente dessa forma será capaz de planejar atividades de aprendizagem que envolvam os estudantes, além de criar estratégias avaliativas para verificar o estágio do processo educativo. Reforça-se que a essência não são os conhecimentos, mas a prática profissional. Contribuirá decisivamente se o docente tiver experiência profissional e não somente acadêmica e livresca.

Neste capítulo, propusemos algumas reflexões e trouxemos exemplos do cotidiano para auxiliar no entendimento de como os docentes podem organizar seus instrumentos e atos avaliativos. Destes, por sua vez, requer-se aproximação com a realidade dos estudantes, auxiliando-os a construírem associações com os conhecimentos.

Sabemos que algumas pontes precisam ser construídas entre docentes e estudantes, para aperfeiçoar o processo avaliativo, tornando-o uma ferramenta que auxilie na melhoria da qualidade da aprendizagem. Romper com algumas estruturas um tanto arcaicas é o primeiro passo para, desprovido de preconceitos, pensar estratégias inovadoras de avaliação. O advento das tecnologias educacionais, as metodologias ativas e os currículos por competências têm provocado mudanças significativas na organização dos cursos superiores. Falta termos a mesma guinada em relação ao processo avaliativo.

É indiscutível que as últimas décadas têm se caracterizado pelo conjunto de mudanças que foram introduzidas na educação superior, motivados, recentemente, pela pandemia da Covid-19, mas, também, atendendo um clamor já demonstrado pelo crescimento dos cursos EaD e a diminuição das matrículas em cursos presenciais. Apesar disso, percebe-se que a avaliação continua da mesma forma, no presencial e no EaD, pois falta-nos conhecimento e formação docente para introduzir novas estratégias avaliativas.

REFERÊNCIAS

AFONSO, A. J. **Avaliação educacional:** regulação e emancipação para uma sociologia das políticas avaliativas contemporâneas. 3. ed. São Paulo: Cortez, 2005.

BARKLEY, E. F.; MAJOR, C. H. **Técnicas para avaliação da aprendizagem:** um manual para os professores universitários. Tradução de Juliana Vermelho Martins. Curitiba-PR: PUCPRess, 2020.

DA SILVA, P. F.; MENEZES, C. S.; FAGUNDES, L. da C. Avaliação processual no contexto de projetos de aprendizagem. **Informática na Educação:** Teoria & Prática, Porto Alegre, v. 20, n.1, p. 27-35, jan./abr. 2017.

FERNANDES, D. **Avaliar para aprender:** fundamentos, práticas e políticas. São Paulo: Unesp, 2009.

HADJI, C. **Avaliação Desmistificada.** Porto Alegre: Artmed, 2001.

HERNÁNDEZ, F. **Transgressão e mudança na educação:** os projetos de trabalho. Porto Alegre: Artmed, 1998.

LUCKESI, C. C. **Avaliação da aprendizagem:** componente do ato pedagógico. São Paulo: Cortez, 2011.

NASCIMENTO, S. de A. do. Educação profissional: novos paradigmas, novas práticas. **Revista da ABEM**, Porto Alegre, v. 8, p. 69-74, mar. 2003. Disponível em: http://www.abemeducacaomusical.com.br/revista_abem/ed8/revista8_artigo12.pdf. Acesso em: 29 jun. 2024.

SCALLON, G. **Avaliação da aprendizagem numa abordagem por competências.** Tradução de Juliana Vermelho Martins. Curitiba-PR: PUCPRess, 2018 (Reimpressão).

VILLAS BOAS, B. M. Avaliação formativa e formação de professores: ainda um desafio. **Linhas Críticas**, v. 22, n. 12, p. 75-90, 2006. Disponível em: https://doi.org/10.26512/lc.v12i22.3283. Acesso em: 29 jun. 2024.

CAPÍTULO 2

AVALIAÇÃO MEDIADORA DE PROJETOS E DESAFIOS

> *A avaliação, bruxa da história, está focada em uma educação com raízes tradicionais e concepções ultrapassadas em momentos de sociedade da informação, como a que vivemos em nosso país e na nossa realidade sociocultural. Dentro dessa visão a avaliação perpassa por elementos que não traduzem o real desenvolvimento dos alunos, perdendo a amplitude do processo ensino-aprendizagem.*
>
> (Santos, 2011)

2.1 CONVERSA INICIAL

A avaliação mediadora de projetos e desafios, modalidade que já é realidade em muitas escolas e universidades brasileiras, já não poderá mais surpreender nenhum docente com práticas pedagógicas inovadoras. Faz parte de seu contexto a introdução de instrumentos que avaliam o processo de aprendizagem e não simples ferramenta para atribuição de notas ou pareceres.

A pergunta que muitos docentes se fazem e que ainda parece não ser um consenso é se a avaliação faz parte do processo de aprendizagem. O entendimento para parcela significativa de docentes é um momento à parte, dissociado das etapas de aprendizagem. Assim, o desafio das instituições é organizar o planejamento para que a avaliação faça parte do processo de aprendizagem.

A dúvida ou dificuldade dos docentes é como aplicar em sala de aula mudanças na prática avaliativa. Entendemos que o processo de pôr em prática o ato avaliativo focado na aprendizagem requer formação e acompanhamento para ser eficaz e eficiente. Além do mais, elaborar instrumentos avaliativos requer tempo e conhecimento. Entretanto, se queremos transformar a educação superior, a avaliação precisa passar por um processo de ressignificação.

Para auxiliar os docentes a pensar de que forma poderiam contribuir para um processo avaliativo mais articulado com a aprendizagem, a utilização das metodologias de projetos e desafios pode ser uma boa iniciativa, pois possibilita avaliar as etapas realizadas. Na aplicação dessas metodologias, o docente desempenha função de mediador, intervindo para corrigir a rota, orientando no momento em que o estudante requer auxílio ou enfrenta alguma dificuldade.

2.2 TAREFA DE AVALIAR

> *A expressão mediadora refere-se à finalidade essencial do ato avaliativo: de se proceder à adequada intervenção pedagógica a partir da observação dos percursos individuais de aprendizagem, portanto, uma ação docente crítica e reflexiva que visa à escolarização digna e de qualidade para todos os alunos.*
>
> (Hoffmann, 2019, p. 14)

A tarefa de avaliar a aprendizagem tem sido uma das atividades mais complexas para os docentes da educação superior, pois estudamos pouco sobre a temática durante a formação inicial. A experiência avaliativa mais próxima que tivemos associa-se ao que vivenciamos na graduação, normalmente restrito a fazer provas escritas sobre conteúdos que eram ensinados nas aulas. E, geralmente, os conteúdos são decorados, para atingir um bom desempenho na nota. Nesse aspecto, o que interessava era a nota acima da média e não a aprendizagem efetiva.

Por muito tempo pensávamos que avaliação era sinônimo de aplicação de provas, para atribuir uma nota aos estudantes. E assim, esquecíamos o verdadeiro papel da avaliação, que é o de diagnosticar se houve ou não aprendizagem, se como docente fui capaz de promover a aprendizagem do estudante. Em outras palavras, se como docente fiz a mediação do processo de aprender. Para Hoffmann (2014, p. 116),

> [...] a perspectiva de avaliação mediadora pretende, essencialmente, opor-se ao modelo do 'transmitir-verificar-registrar' e evoluir no sentido de uma ação reflexiva e desafiadora do educador em termos de contribuir, elucidar, favorecer a troca de ideias entre e com seus alunos, num movimento de superação do saber transmitido a uma produção de saber enriquecido, construído a partir da compreensão dos fenômenos estudados. Ação, movimento, provocação, na tentativa de reciprocidade intelectual entre os elementos da ação educativa.

Mas como mudamos essa lógica avaliativa sem mudar nossa prática de sala de aula? Ou é possível avaliar de outra forma, se continuar ensinando os conteúdos? Esse é talvez o desafio que enfrentamos no nosso cotidiano profissional, pois queremos mudar nossa prática avaliativa, mas nem sempre estamos dispostos a mudar a forma como desenvolvemos o processo de aprendizagem. Assim, o primeiro passo é mudar a forma como entendemos o processo de ensino e aprendizagem, focando-o no estudante e em sua aprendizagem. Na sequência, avaliar a aplicabilidade dos conhecimentos em situações profissionais para verificar se houve compreensão.

> *"Ser um docente mediador requer experiência, vivência acadêmica e profissional para auxiliar com propriedade o estudante em formação."*

Vamos dar um exemplo prático que faz parte da vida dos que fizeram carteira de motorista e que ilustra bem como a mediação no processo de aprender faz diferença. A primeira etapa do futuro condutor é participar de aulas teóricas para aprender legislação, sinalização e outras situações que fazem parte do aprender a dirigir, como condução defensiva e primeiros socorros. Depois iniciamos o processo de aprender a conduzir um veículo, aplicando o que aprendemos na teoria. Nesse caso, as competências requeridas são:

    a. **conhecimento** – domínio da legislação de trânsito e elementos essências do carro como abastecimento, calibragem dos pneus, óleo, trocar pneu...;

    b. **habilidade** – ter coordenação motora para conduzir um veículo, fazer marchas, ligar as setas, luzes...;

    c. **atitude** – exercitar a condução do veículo em ruas, rodovias, estacionamento oblíquo e paralelo, acelerar, frear...

É evidente que no começo não temos todas as habilidades para sair dirigindo um carro, mas, à medida que vamos praticando, adquirimos confiança, até estarmos aptos a fazer a prova para obtenção da carteira.

Considerando as devidas proporções, o exemplo citado ilustra o aprendizado com significado, mediado por um profissional com experiência, pois a teoria se conecta, diretamente com a prática (saber e saber fazer), e uma não se concretiza sem a outra. Há uma sinergia entre a aula teórica, a prática e o processo avaliativo, centra-se tanto em saber a teoria e se essa, aplicada na prática, condiz com os requisitos desejados de um bom condutor.

Concordamos que diversas competências trabalhadas no processo da formação não são tão técnicas quanto dirigir um carro, mas ainda assim há formas de torná-la mais significativa. Uma das possibilidades que podem auxiliar na mudança de sua prática docente e, consequentemente, o processo avaliativo, é utilizar em suas aulas a aprendizagem baseada em projeto (AABP), pois desenvolve habilidades e competências, requerendo um processo de avaliação com mais amplitude e ao mesmo tempo com detalhamento.

Essa metodologia favorece o desenvolvimento da aprendizagem e os processos avaliativos, pois parte da identificação e da seleção das questões ou problemas reais, obtendo novas e prováveis soluções para as situações elencadas, além de estimular o trabalho colaborativo, a avaliação dos resultados do projeto e do grupo, mostrando os pontos fortes e suas deficiências. É recomendável também determinar os critérios a serem considerados para cada etapa, por exemplo, o trabalho em equipe, a comunicação no grupo, a realização dos registros, a apresentação dos resultados, a investigação dos problemas, as fontes bibliográficas e outras estratégias associadas à aprendizagem.

2.3 AVALIAÇÃO DE PROJETOS

> *Tomar decisões sobre as ações docentes em equipe é posicionar-se, deixar-se conhecer profissionalmente, substituir formas inicialmente pensadas por outras, definidas pelo coletivo. Exige flexibilidade para atuar e alterar formas de ação. Exige saber ouvir, ponderar, decidir.*
>
> (Pimenta; Anastasiou, 2002, p. 193)

A tomada de decisões em um processo formativo, em nível de graduação, contribui para que o estudante comece a pensar como profissional e não como alguém que está, meramente, fazendo um curso superior, a partir de estudos, assistir aulas e fazer provas e trabalhos. É um processo de envolvimento e participação, tornando-o protagonista de sua aprendizagem.

Os projetos, quando têm ênfase na aprendizagem e aplicabilidade no exercício profissional, requerem uma avaliação formativa mediadora, contemplando diversos aspectos do processo avaliativo, tais como: debates, entrevistas, seminários, questões dissertativas, elaboração de portfólios, avaliação do progresso oral e de articulação linguística, elaboração de mapas conceituais, entre outros. Para se aplicar uma avaliação mediadora é preciso repensar as estratégias e metodologias, estimulando o estudante a ser ativo, protagonista, focando, constantemente, a aprendizagem, em um processo contínuo, formativo e emancipatório.

> *"Para ser eficaz, o processo avaliativo requer que o docente acompanhe o desenvolvimento do estudante, de maneira individualizada, traçando um plano para auxiliá-lo a superar os obstáculos da aprendizagem."*

Ao realizar a avaliação mediadora de aprendizagem em projetos, temos uma visão ampliada do que realmente o estudante construiu ao longo dos seus estudos, pois envolve conhecimentos, habilidades e atitudes. Não é meramente o estudo dos conteúdos desconexos para fazer provas, mas verificar a capacidade do estudante de compreender conhecimentos, saber aplicá-los em situações da profissão, aproximando-o do mundo real. No entendimento de Bender (2014, p. 107), "os proponentes da ABP generalizado de trabalho cooperativo, porque reflete melhor as demandas do século XXI do que as tarefas individuais de resolução de problemas". Uma vez que o trabalho é colaborativo, o docente mediador ficará conectado às ações e estratégias de aprendizagem do grupo e, nesse momento, faz-se necessário a avaliação crítica e reflexiva para orientar com eficácia.

É do conhecimento dos docentes, em qualquer nível, que os estudantes, ao serem desafiados, produzem mais do que ouvir explicações ou exposições. Quando há envolvimento nas atividades de aprendizagem, o estudante se dedica mais, torna-se proativo e vê significado no que está aprendendo, pois consegue articular com o mundo real. O *Institute for Education Buck* (2008) já defendia que

> [...] a aprendizagem baseada em projetos oferece aos alunos a oportunidade de aprender a trabalhar em grupo e realizar tarefas em comum. Exige que os alunos monitoram seu próprio desempenho e suas contribuições ao grupo.

Se a estratégia de utilização da metodologia baseada em projetos é um processo que mexe com a estrutura da sala de aula convencional, também trouxe impacto na forma de avaliar, uma vez que o olhar do docente é ampliado, ora individual, ora coletivo. Fica difícil elaborar um único instrumento para verificar se os estudantes alcançaram os objetivos de aprendizagem e se desenvolveram as competências profissionais e pessoais. A avaliação, quando pensada na linha mediadora, contempla, como prioridade, a aprendizagem do estudante "[...] em todos os sentidos, inclusive o da formação do cidadão para que ele tenha inserção social crítica" (Villas Boas, 2011, p. 31-32).

Nas últimas décadas, a educação superior foi sacudida com inúmeros eventos que propunham a utilização de metodologias ativas para o desenvolvimento da aprendizagem. Muito foi escrito, falado e implementado, modificando a forma de planejar, gerenciar e organizar os processos acadêmicos. A mesma intensidade de mudança não ocorreu quanto à avaliação, que ainda não emplacou e incorporou os ventos de inovação. Se as atividades são mais ativas, a avaliação ainda é passiva. Continuamos a aplicar instrumentos quantitativos em vez de verificar o processo, as etapas e os avanços realizados pelos estudantes.

> *"O processo avaliativo na educação superior está em processo de reinvenção, pois ensinar a aprender requer um novo formato para avaliar a aprendizagem."*

É por isso que defendemos a metodologia baseada em projetos, uma vez que articula, com propriedade, o saber, o saber fazer, o fazer e o ser. Não tem como desenvolver um projeto, real ou simulado, sem conhecimento, habilidades e atitudes. E durante sua execução, é possível avaliar o quanto o estudante sabe, como faz os processos e se a solução tem aplicabilidade. E como elemento complementar de avaliação, pode-se solicitar a apresentação da solução, mediante questionamentos para verificar a autenticidade do que foi apresentado. Assim, é possível reconhecer até que ponto o projeto foi desenvolvido pelo estudante.

A mobilidade no planejamento, no desenvolvimento de um projeto facilita o processo de aprendizagem, pois a função do docente é mediar e orientar o estudante em seu percurso educacional. E isso pode ser realizado tanto na modalidade presencial quanto na remota. Ele pode ser feito com a avaliação, pois como é um projeto e ao fim há uma solução, mesmo em nível acadêmico, a apresentação pode ser virtual ou presencial. Em qualquer cenário, a ocorrência de cópia e de plágio tem remota probabilidade, pois o processo é acompanhado, com feedback das etapas, e as entregas parciais ratificam a autoria. É muito difícil um estudante apresentar uma solução para um projeto sem ter se apropriado do conhecimento.

Vamos apresentar um exemplo de avaliação mediadora, do curso de Engenharia de Produção, após a elaboração de um "Plano de Modelagem, Simulação e Otimização", realizado pelos estudantes. Durante 12 encontros, os estudantes discutiram, criaram possibilidades, tiveram feedback do docente, elaboraram o plano e o apresentaram para os colegas. Além da apresentação do plano, o docente quis saber se os estudantes sabiam os conhecimentos, se eram capazes de aplicá-los no exercício profissional e se eram os autores da entrega. Assim, elaborou a seguinte questão:

Você trabalha na Confeitaria Penélope, que produz dois tipos de bolos: chocolate e creme. Cada lote de bolos de chocolate é vendido com um lucro de R$ 3,00, e cada lote de bolos de creme é vendido com um lucro de R$ 1,00. Contratos com várias lojas impõem que sejam produzidos no mínimo 10 lotes de bolos de chocolate por dia e que o total de bolos fabricados nunca seja menor que 20. O mercado só é capaz de consumir até 40 lotes de bolos de creme e 60 de chocolate. As máquinas de preparação dos bolos disponibilizam 180 horas de operação, sendo que cada lote de bolos de chocolate consome 2 horas de trabalho, e cada lote de bolos de creme, 3 horas. Você é responsável pela estratégia de vendas e seu gerente solicitou que determine o esquema de produção que maximize os lucros com a venda dos bolos (colaboração do colega Prof. Me. Fabrício Fasolo).

Em uma avaliação tradicional, os estudantes fariam um cálculo referente ao conteúdo e o docente faria a correção. O que seria objeto de avaliação era se o estudante acertaria ou erraria o cálculo, não acrescentando nada de relevante na aprendizagem, a não ser a reprodução. No caso apresentado, o estudante desenvolveu as competências de análise para verificar os elementos que compõem o enunciado. Na sequência, organizou os dados para resolução do desafio. E, por fim, apresentou a solução para o problema. O docente, por sua vez, no seu feedback, enaltece a trajetória percorrida pelo estudante, os acertos de tomada de decisão, a lógica do cálculo para a solução e o que, eventualmente, requer ajustes ou aprofundamento. A análise da solução que foi apresentada pelos estudantes utiliza os princípios da avaliação mediadora, na qual devemos indicar os elementos assertivos, sinalizar o que requer ajustes e indicar os procedimentos necessários para que consiga avançar a partir do que foi elaborado. Esse é um processo de mediação, pois auxilia o estudante a avançar em sua aprendizagem, a partir de suas compreensões e reflexões, recebendo feedback em cada etapa.

2.4 AVALIAÇÃO MEDIADORA APLICADA EM CONTEXTO REAL

> *A avaliação é um processo contínuo e sistemático, portanto, ela não pode ser esporádica nem improvisada, mas, ao contrário, deve ser constante e planejada. Nessa perspectiva, a avaliação faz parte de um processo mais amplo que é o processo ensino-aprendizagem*
>
> (Haydt, 2004, p. 13)

No mundo real, diariamente, somos desafiados a roteirizar as etapas de afazeres e tarefas que compõem um dia. Elas podem ser tanto da vida – relacionamento, convivência – ou então profissionais, como concluir um projeto, entregar um relatório, propor uma solução ou rotina. Pensamos em formato de cadeia e procuramos encaixar, com certa lógica, o que fazemos ao longo do dia, para otimizar o tempo e sermos produtivos.

Um exemplo prático é quando temos filhos e precisamos acordar mais cedo para preparar o café, quando são pequenos, ajudá-los a se vestir, arrumar os pertences para a escola, deslocamento, deixá-los no local, e não esquecer de buscá-los ao final do turno. É um processo que realizamos cinco vezes por semana, mas, mesmo assim, não é igual todos os dias.

E na educação superior, quando atuamos e participamos da formação de novos profissionais, não agimos como no mundo real, pois nos distanciamos em nome da defesa de ensinar os conteúdos. É inegável que há um distanciamento entre o mundo real e a academia, e darei um exemplo para ficar mais claro.

Ao comprar uma camisa, seguimos um processo que se inicia com a escolha, o modelo, a cor, o design, se amarrota ao lavar, necessidade de passar e assim por diante. Utilizamos um conjunto de conhecimentos aplicados para selecionar a camisa, por exemplo, o modelo (esportivo, social, meio social...). E na hora de ensinar o estudante a aprender, como agimos? Geralmente começamos pela teoria. Na sequência, um exemplo e, por fim, um exercício.

A pergunta que os docentes devem se fazer é: como podemos mudar essa forma de promover a aprendizagem? A resposta parece um tanto óbvia, invertendo a lógica do processo educativo. Em outras palavras, como o conhecimento é aplicado em situações profissionais, é o desafio a ser encarado.

Imaginemos que o estudante de Engenharia Civil precise se apropriar de fundações rasas e profundas. Para tanto, precisará de: conhecimentos (saber diferenciar as características da fundação rasa para a profunda); calcular a profundidade das edificações em cada caso, mas, sobretudo, colocar em prática.

E isso o estudante pode fazer, orientado pelo docente, a partir de uma situação real ou simulada. Para a solução, o estudante precisará aplicar o que aprendeu e pensar como profissional em formação, pois não é, simplesmente, uma atividade acadêmica. É uma competência do engenheiro civil.

> **"A avaliação é um elemento importante para a formação profissional, pois auxilia a melhorar os processos que, por sua vez, têm reflexos no exercício profissional."**

É importante que tenhamos o entendimento de que a avaliação faz parte do ato de aprender. Não é uma atividade isolada ou separada. Assim, o planejamento pedagógico precisa contemplar:

a. O que será desenvolvido – se é um objetivo de aprendizagem ou uma competência;

b. As atividades ou estratégias que serão realizadas para que o estudante consiga alcançar o propósito da aprendizagem;

c. Os conteúdos que necessitará se apropriar para fundamentar a aprendizagem;

d. A avaliação para verificar se o objetivo de aprendizagem ou a competência foram alcançados.

Independentemente da temática em estudo e da organização curricular, a avaliação é uma etapa, por isso a entendemos como processo. Não é fácil mudar a forma de organizar o planejamento que contempla a avaliação como uma ação dissociada do processo de aprendizagem. Contudo, a educação superior requer que investimos energia para que a avaliação passe da condição punitiva ou de atribuição de notas para a de trazer contribuições para a aprendizagem. Nesse sentido, o estudante precisa entender que o que se avalia é se o critério foi ou não atendido e se está apto ou não a avançar em sua trajetória de aprendizagem.

Desde pequeno somos ensinados a pensar a avaliação como um divisor de águas:

a) sabe ou não sabe;
b) aprova ou reprova;
c) acertou ou errou.

Na escola e na universidade não se ensina que, na realidade, temos oportunidades para:
a) refazer ações equivocadas;
b) retratar-se por algo dito de maneira imprópria;
c) recomeçar projetos.

Entendo que a avaliação não deva ser punitiva, mas construtiva. Por isso requer considerar as etapas do processo, com possibilidade de melhorias e aperfeiçoamento. E a pessoa mais indicada para fazer essa mediação é o docente. Ele tem a experiência, o conhecimento e a maturidade para orientar. Precisamos transformar o ato de aprender em algo prazeroso, que faça diferença e tenha significado para a vida do estudante.

Caso você seja um docente da educação superior que se filia à concepção de avaliação como processo, entende que o ato de avaliar transcende a ideia de atribuição de notas ou resultados em relação à aprendizagem. E que a utilização da avaliação deve ser para aperfeiçoar a aprendizagem, tornando o estudante um profissional mais qualificado, realizado e capaz de transformar a sociedade em que vive.

2.5 ENCAMINHAMENTOS FINAIS

> *Na condição de avaliador desse processo, o professor interpreta e atribui sentidos e significados à avaliação escolar, produzindo conhecimentos e representações a respeito da avaliação e acerca de seu papel como avaliador, com base em suas próprias concepções, vivências e conhecimentos.*
>
> (Chueiri, 2008, p. 52)

A introdução de novas metodologias no processo de aprendizagem vem trazendo mais conectividade entre docentes e estudantes, modificando, para melhor, o espaço da sala de aula. Com mais interação, docentes e estudantes estabelecem parcerias para o ato educativo, cada qual com suas atribuições e responsabilidades. Tal processo é permeado pela mediação, que oferece feedback instantâneo, oportunizando ao estudante o ajuste ou a melhoria enquanto em processo de construção da aprendizagem pessoal.

Os currículos baseados em projetos ou desafios são propícios para a mediação, pois os docentes têm a visão clara de cada etapa, podendo intervir quando necessário. Isso permite transparência ao processo de aprendizagem, pois não se espera o fim do semestre ou ano letivo para comunicar que o estudante deixou de fazer algo que contribuiu para sua possível reprovação.

Na perspectiva do estudante, tal procedimento também ajuda a não continuar errando, quando pode, mediante orientação, corrigir processos durante sua ocorrência. Nesse caso, a aprendizagem transforma-se, sendo mais duradoura, profunda e aplicada ao exercício profissional.

A utilização da metodologia de projetos e desafios permite mais flexibilidade aos docentes no ato de planejar suas atividades de aprendizagem, utilizando-se de casos ou situações simuladas, para que o estudante já possa pensar como profissional em formação. Assim, rompe-se com aquela ideia de fazer a atividade para entregar e o docente corrigir, substituindo-as por atividades específicas de profissional em formação, que o remete a ser mais cauteloso, pois se tomar alguma decisão equivocada, poderá, por exemplo, colocar vidas em risco.

Assim, conforme Chueiri (2008), o papel do docente como avaliador é interpretar o que foi realizado pelo estudante, reconhecer as estratégias utilizadas para a resolução do desafio e o caminho percorrido. A partir de tal entendimento, o docente pode aplicar a mediação, orientando o estudante no que considerar pertinente e oportuno para a ocorrência de aprendizagens significativas.

REFERÊNCIAS

CHUEIRI, M. S. Concepções sobre a Avaliação Escolar. **Estudos em Avaliação Educacional**, São Paulo, v. 19, n. 39, p. 49-64, 2008.

HAYDT, R. C. C. **Avaliação do processo ensino-aprendizagem**. São Paulo: Ática, 2004.

HOFFMANN, J. **Avaliação Mediadora:** uma prática em construção da pré-escola à universidade. 35. ed. Porto Alegre: Mediação, 2019.

BENDER, W. N. **Aprendizagem baseada em projetos:** educação diferenciada para o século XXI. Tradução de Fernando Siqueira Rodrigues. Porto Alegre: Penso, 2014.

INSTITUTE FOR EDUCATION BUCK. **Aprendizagem baseada em projetos:** guia para professores de ensino fundamental e médio. Tradução de Daniel Bueno. 2. ed. Porto Alegre: Artmed, 2008.

PIMENTA, S. G.; ANASTASIOU, L. das G. C. **Docência no ensino superior**. São Paulo: Cortez, 2002.

VILLAS BOAS, B. M. de F. (org.). **Avaliação formativa:** práticas inovadoras. Campinas: Papirus, 2011.

CAPÍTULO 3

CRITÉRIOS PARA AVALIAR A APRENDIZAGEM

As experiências vivenciadas em sala de aula pelos professores e os acadêmicos necessitam ser sintonizadas para que as práticas avaliativas não sirvam para punição e sim para promoção.
(Chaves, 2003, p. 30)

3.1 CONVERSA INICIAL

Você já deve ter ouvido a expressão: "aquela pessoa é muito criteriosa". Ou então, por outro lado: "faltaram critérios para aquela tomada de decisão". Em nosso dia a dia, as decisões que tomamos consideram critérios, mesmo que não tenhamos a intenção de utilizá-los. Fazemos escolhas, com base em critérios. Mas por que precisamos de critérios na vida cotidiana?

Os critérios nos auxiliam a aplicar coerência em nossas decisões, além de reforçar a transparência, aumentando a credibilidade. Nesse sentido, na educação superior, utilizamos critérios para avaliar o desempenho do estudante em relação à aprendizagem. Assim como o docente é avaliado conforme critérios e recebe feedback sobre como pode ou deve melhorar sua performance. Temos ainda a avaliação de cursos e institucional, aferindo seus padrões de qualidade, realizada pelo Ministério da Educação.

Do mesmo modo como na vida cotidiana, na educação básica e superior, igualmente na trajetória profissional, somos avaliados em relação ao desempenho realizado, contribuindo para promoções ou reprovações/demissões. O importante é que os critérios sejam do conhecimento tanto do avaliador quanto do avaliado, para que ambos possam considerá-los tanto no ato de realizar tarefas e atividades quanto no momento da verificação da assertividade.

De um modo geral, os docentes por vezes são subjetivos em relação aos critérios avaliativos. As motivações para tal subjetividade são os objetivos de aprendizagem que nem sempre são passíveis de serem avaliados de maneira objetiva. Portanto, sem clareza de objetivos e de critérios, o processo avaliativo é prejudicado, tanto para o avaliador quanto para o avaliado.

O desafio para docentes e gestores da educação superior está em investir em formação continuada para desenvolver competências de elaboração de instrumentos e critérios avaliativos com objetividade, eliminando resquícios de dúvida. Tal medida pode ajudar a eliminar os ruídos ocasionados pela falta de transparência no processo avaliativo.

3.2 CRITÉRIOS PARA A AVALIAÇÃO DA APRENDIZAGEM

> *As provas e exames que têm como objetivo averiguar a aprendizagem dos alunos constituem um tipo de avaliação que dá um veredicto: o aluno aprendeu ou não aprendeu.*
>
> *(Vianna, 2005, p. 52)*

A citação de Vianna (2005) evidencia que a falta de critérios faz com que o foco seja, unicamente, a aprendizagem na perspectiva quantitativa e não com uma lógica de aprender com significado. Provas e exames, em sua maioria, têm como finalidade examinar o quanto foi retido ou decorado para ser reproduzido em um instrumento com tal finalidade.

Diferentemente, defendemos que a avaliação da aprendizagem requer critérios claros e objetivos para que o processo gere transparência para docentes e estudantes. Mas que precisam ser comunicados ou apresentados antes da aplicação dos instrumentos de avaliação, para que o estudante saiba como será a correção. Conforme Batista (2008), os critérios qualificam o processo educativo, pois servem de base para o julgamento do nível de aprendizagem dos estudantes e, consequentemente, da ação pedagógica do docente. Portanto, estabelecer critérios tem por finalidade auxiliar a prática pedagógica docente, requerendo uma constante apreciação do processo de aprendizagem.

Para compreender como é importante a definição de critérios para o processo de avaliação da aprendizagem, vamos apresentar uma situação cotidiana. Vamos imaginar que você decidiu comprar um presente para sua companheira ou companheiro e optou por um sapato. Para facilitar a escolha do sapato a ser comprado, você estabeleceu os seguintes critérios: a) não ter salto; b) não ter cadarço para amarrar, facilitando o uso diário; c) ter cor escura para combinar com mais roupas; d) ser confortável ao calçar e, e) não custar mais que R$ 140,00 (cento e quarenta reais). Observe que você estabeleceu os critérios que orientarão a compra do sapato e, após concluída, pode avaliar se os cinco critérios foram contemplados na hora da aquisição.

Quando definimos critérios para as ações do dia a dia, estamos norteando nossas decisões com mais precisão e criamos rotinas para sermos mais assertivos nas orientações. Na docência, quando se avalia a aprendizagem, é fundamental a clareza de critérios, pois oportuniza aos estudantes lisura e entendimento.

Apresentaremos na sequência quadros para avaliar situações de aprendizagem, com sugestão de critérios, tornando o processo mais objetivo e transparente. Os quadros auxiliam no entendimento dos procedimentos a serem adotados quanto à avaliação da aprendizagem. O primeiro exemplo avalia a produção de um texto, escrito no formato dissertativo-argumentativo, no qual o estudante de Enfermagem analisou as políticas de combate à Covid-19, do município Floresta Negra, considerando, na escrita, os critérios preestabelecidos.

Quadro 1 – Avaliação de texto dissertativo-argumentativo

Critérios	Contemplou	Não contemplou
Título tem relação direta com a temática proposta		
Introdução elenca duas ideias principais para posterior análise		
Desenvolvimento do texto apresenta dois argumentos para cada ideia indicada na introdução		
Argumentos são sustentados com a utilização de três fontes		
Conclusão faz o fechamento da temática analisada		

Fonte: elaborado pelos autores

Ao propor uma atividade avaliativa, independentemente da etapa do processo de aprendizagem, é importante estabelecer os critérios que serão utilizados para a avaliação. Assim, o estudante terá ciência do que deverá fazer e a forma como será avaliado. Isso pode ser aplicado em componentes curriculares inovadores, bem como em currículos disciplinares.

> *"Disponibilizar os critérios avaliativos ao mesmo tempo da aplicação do instrumento indica transparência no processo educativo."*

A reflexão de Luckesi (2011, p. 412) auxilia na compreensão da importância do critério no processo avaliativo. Para o autor, "[...] critério define o que queremos como resultado de nossa atividade e, desse modo, estabelecer a direção tanto para o ato de ensinar quanto para o de avaliar.". A introdução dos critérios no processo de avaliação da aprendizagem tira a subjetividade do docente e foca a análise do que foi apresentado e não a autoria. Favorece, ao mesmo tempo, o feedback, pois amparado nos critérios, o docente demonstra com clareza e propriedade o status da produção do estudante.

O segundo exemplo é referente a uma atividade prática de laboratório na qual o estudante de Biomedicina fez uma análise da contagem de reticulócitos, que são células sanguíneas imaturas que em condições normais não podem exceder 3% da contagem total das células. Porém, em casos de anemias, por perda sanguínea, devem estar acima desses 3%. A contagem de reticulócitos é usada para determinar se a medula óssea está respondendo de modo adequado às necessidades do corpo de produção de hemácias e para esclarecer o mecanismo de diferentes tipos de anemia. Costuma ser pedida com a contagem de hemácias, a hemoglobina e o hematócrito, usados para avaliar a gravidade da anemia.

Quadro 2 – Avaliação de prática de laboratório

Critérios	Sim	Não
Diagnosticou em que circunstâncias o exame será solicitado ao paciente		
Identificou a função dos reticulócitos como precursor de células vermelhas		
Interpretou o significado clínico do aumento da sua contagem no sangue periférico		
Diferenciou as anemias relacionadas a não produção dos reticulócitos pela medula		
Indicou a correção do número de reticulócitos em relação ao hematócrito do paciente		

Fonte: elaborado pelos autores

Ao estabelecer critérios para as atividades práticas de aprendizagem, realizadas em laboratório, pretende-se verificar se o conhecimento teórico foi compreendido e se o estudante consegue aplicá-lo no exercício profissional. No exemplo, se o biomédico em formação é capaz de fazer uma análise com propriedade.

> *"O processo avaliativo debruça-se sobre a aprendizagem e a pessoa em formação, atribuindo qualidade à tarefa docente."*

A utilização de critérios no processo avaliativo estabelece as regras que norteiam o percurso formativo. Para Depresbiteris (2007, p. 37),

> [...] os critérios são princípios que servirão de base para o julgamento da qualidade dos desempenhos, compreendidos aqui, não apenas como execução de uma tarefa, mas como mobilização de uma série de atributos que para ela convergem.

Corroborando a ideia do estabelecimento de critérios na educação superior, Fernandes (2008, p. 31) afirma que

> [...] é geralmente reconhecido que avaliação formativa tem uma dupla natureza. É criterial quando as aprendizagens dos alunos se analisam em termos de critérios mais ou menos específicos, previamente definidos, não sendo assim comparadas com algum padrão ou norma. É ipsativa quando as aprendizagens dos alunos são analisadas tendo como referência os próprios alunos. Dito de outro modo, comparam-se os alunos consigo mesmos, tendo muitas vezes em conta aspectos tais como o esforço, o interesse e os progressos alcançados.

Você que atua na educação superior já se deparou com situações em que escreveu algo para ser realizado pelos estudantes e parece que não compreenderam a solicitação. Isso ocorre porque nós docentes temos uma percepção de que o encaminhamento realizado é sempre claro o suficiente para quem o lê, por isso conseguirá resolver sem problemas. Contudo, há falta de clareza em muitas atividades de aprendizagem, acarretando o erro do estudante, não porque não sabia fazer, mas por não ter compreendido o enunciado.

Vamos apresentar o terceiro exemplo, que utiliza os critérios para avaliar uma atividade de apresentação oral. Aqui, incluem-se as atividades de seminário e apresentação de trabalho, tanto ao vivo quanto gravadas, a partir de um roteiro ou *template* disponibilizados aos estudantes.

Quadro 3 – Avaliação de atividade oral ou gravada

Critérios	Contemplou	Não contemplou
A apresentação está organizada a partir do roteiro ou o *template*		
As ilustrações auxiliam na compreensão da temática que está sendo apresentada		
O apresentador contemplou as ideias essenciais da atividade ou trabalho		
A comunicação do apresentador é sem erros ortográficos		
Há uma sequência lógica da apresentação que facilita a compreensão da temática		

Fonte: elaborado pelos autores

Ao estabelecer critérios com clareza e objetividade, estamos sinalizando para o estudante o norte que orienta a realização da atividade, desafio ou projeto. Assim, mesmo sem a presença do docente, o estudante conseguirá realizar a atividade, pensar na solução do desafio ou problema do projeto, pois a orientação detalhada subsidia a ação a ser executada.

> *"A avaliação com critérios valoriza as etapas da aprendizagem, pois é alicerçada em pilares que refutam as possibilidades de injustiça."*

Em propostas de aprendizagem focadas no desenvolvimento de competências, estabelecer critérios é fundamental, para que não haja dúvidas quanto ao processo desenvolvido. Por um longo período, o processo avaliativo, sem critérios, foi utilizado pelos docentes como um "acerto de contas", abrindo margem para estudantes medíocres serem beneficiados e os brilhantes serem punidos ou rotulados como fracassados.

3.3 CRITÉRIOS E TRANSPARÊNCIA NA AVALIAÇÃO

> *A avaliação deve levar em consideração o que já foi feito, mas também deve dar importância às aprendizagens futuras, ou seja, deve levar em consideração mais do que já foi aprendido, deve avaliar também as potencialidades futuras.*
> (Pedrochi Junior; Pedrochi; Rossetto, 2019, p. 6)

Na vida real, os critérios são amplamente divulgados para que o processo não seja comprometido e não dê margem para contestações. Exemplos são os concursos, que trazem em seus editais os critérios de cada fase ou etapa, deixando claro para o candidato a forma como será avaliado.

Darei um exemplo da vida real para entender a importância dos critérios e a forma como estão presentes em nossos afazeres. Consideraremos que a finalidade da ação foi fazer um churrasco com seus amigos. No total, serão 10 pessoas. A primeira decisão criteriosa que você tomará é em relação aos ingredientes, como:

a. Tipo de carne ou carnes;

b. Bebidas, se terá refrigerante, cerveja, sucos, água e quais marcas;

c. Se terá salada e quais serão elas;

d. Acompanhamentos como arroz, mandioca ou aipim (conforme a região brasileira), farofa.

Cada uma das escolhas requer critérios motivados pelos gostos e hábitos dos convidados. Para ficar mais evidenciado, detalharemos um dos ingredientes como exemplo, o tipo de carnes. No universo dos churrasqueiros, há gostos variados, preparos, temperos, formas de assar e assim por diante. Mas para entender a utilização e facilitar a vida do organizador do churrasco, vamos elencar os critérios que orientarão as escolhas:

a. A carne deve ter ossos, para um melhor paladar;

b. Para assar a carne, o churrasqueiro deverá utilizar lenha;

c. O sal deve ser grosso e da marca Himalaia;

d. E o preparo da carne, na hora de servir, deve ser "ao ponto".

Com esses critérios, o organizador terá as condições necessárias para fazer um excelente churrasco e não decepcionar os convidados. Ao mesmo tempo, os convidados poderão avaliar se o churrasqueiro seguiu as orientações e se os critérios estabelecidos foram alcançados.

E na educação superior, como os critérios são utilizados no processo de aprendizagem? Eles, de fato, fazem parte das rotinas de planejamento dos docentes? Estão previstos nos instrumentos avaliativos? Os critérios avaliativos são objetivos e norteiam a correção e o feedback. Portanto, é importante que o estudante seja comunicado antes da realização das avaliações, quais são os critérios que precisará considerar na resolução do instrumento, atividade, desafio ou problema.

Na sequência, exemplificarei uma situação avaliativa em que os critérios são os norteadores do processo de aprendizagem, do ato de avaliar e do feedback. No curso de Agronomia, o docente realizou uma atividade de elaboração de um Plano de Negócios para uma propriedade familiar. O docente definiu os critérios que deveriam nortear a elaboração do Plano:

a. Investimento financeiro não superior a R$ 10.000,00;

b. Reaproveitamento dos recursos, espaços ou materiais existentes na propriedade;

c. Sem a utilização de mão de obra adicional;

d. Valorização da expertise agrícola dos membros da família.

Com base nos critérios, os estudantes terão condições para elaborar o Plano de Negócios e o docente os considerará para o processo avaliativo. Se forem contemplados, eventuais ajustes ou aperfeiçoamentos do plano e de que forma o estudante deverá proceder para melhorar a proposta apresentada.

No exemplo, os critérios são os delimitadores do processo de aprendizagem, indicando clareza, objetividade e seriedade. O estabelecimento de critérios torna a avaliação mais transparente, tanto para os estudantes quanto para os docentes, pois se avalia o realizado, o produzido e não a pessoa que fez. Tira-se a subjetividade do processo avaliativo e reduzem-se as insatisfações e incompreensões do ato de avaliar.

> *"Quando o processo avaliativo não esconde nada, há uma certeza para as partes envolvidas de que não haverá prejuízos e nem possibilidades de ajuda fora dos critérios."*

Se olharmos para as queixas dos estudantes, a maioria reclama que não entendeu ou não estava claro a forma como seriam avaliados. Nesse caso, faltaram os critérios e no momento do feedback podemos indicar os que não foram alcançados. O docente precisa ficar atento para a questão dos critérios, pois a ausência deles torna o processo avaliativo subjetivo, portanto, confuso.

Assim como no ato de avaliar, os critérios são importantíssimos, o mesmo ocorre quando:

a. aplicamos uma atividade de aprendizagem;
b. propomos um desafio;
c. propomos a gravação de um vídeo;
d. ou a realização de um projeto.

Quanto mais claros formos no encaminhamento do que fazer, com estabelecimentos dos critérios, mais os estudantes conseguirão concretizar o que foi proposto de modo independente. Quando precisamos explicar para os estudantes o que é preciso fazer, é porque não fomos claros no encaminhamento e, muito menos, nos critérios.

Um exemplo ilustrativo que podemos utilizar para entender a importância dos critérios é olhar para a introdução do VAR nas partidas de futebol do campeonato brasileiro. São quatro situações em que o VAR entra em ação:

a. **gol** – Se a bola ultrapassou ou não toda a linha de gol, se a esfera saiu de campo no lance, se há impedimento que anule o tento, se existe falta do atacante na jogada;

b. **pênalti** – Se foi de fato falta e se o lance aconteceu dentro ou fora da área; se a bola saiu de campo na jogada do pênalti, se há impedimento que anule o pênalti ou se o atacante fez falta antes do pênalti;

c. **cartão vermelho** – Apenas em casos de cartão vermelho direto: o VAR analisa se houve alguma infração que gerou o lance do cartão vermelho. O VAR também informa quando uma falta foi grave o bastante – e não vista pelo árbitro de campo – para ser punida com o cartão vermelho;

d. **erro de identificação** – Ajuda o árbitro a corrigir se um cartão foi dado para um jogador errado.

No exemplo, percebemos, com clareza, os critérios que orientarão a interferência do VAR nas partidas do campeonato brasileiro. Para o torcedor e telespectador, há uma sensação de justiça, pois diminui os erros de arbitragem, mesmo que em certas situações tenhamos debates acalorados. Como diria um famoso comentarista, *"faz parte do jogo"*.

3.4 CRITÉRIOS PARA AVALIAÇÃO DE ROTEIROS DE APRENDIZAGEM

> *[...] é imprescindível considerar, no planejamento e na elaboração de instrumentos avaliativos, formas de se 'capturar' a complexidade de significados e sentidos presentes nos aspectos subjetivos e intersubjetivos dos processos educativos.*
>
> (Marinho-Araujo; Rabelo, 2015, p. 444)

Os diretores pedagógicos, coordenadores de curso e gestores ressentem-se de ferramentas para avaliar o planejamento docente, pois falta-lhes conhecimentos específicos e, por isso, muitas vezes, enfrentam dificuldades para avaliar, qualitativamente, o que foi produzido. Conforme os autores da citação inicial, o avaliador deve ter formação e instrumentos para analisar, detalhadamente, a partir de critérios, o material elaborado.

Apresentamos um exemplo que orientará os gestores educacionais que têm como atribuição avaliar materiais produzidos pelos docentes, a partir de critérios e elementos que compõem o planejamento curricular de um curso superior.

Quadro 4 – Critérios para avaliar roteiros de aprendizagem

Nome do curso: **Trilha:**

Elemento	Critérios	Comentários
Entrega final	1. A entrega final corresponde a uma entrega profissional. 2. A entrega final reflete uma competência geral da área de atuação profissional. 3. A entrega final é flexível ao ponto de permitir diferentes soluções por parte dos estudantes. 4. A entrega final é um resultado de entregas parciais desenvolvidas ao longo do projeto. 5. A entrega final é desafiadora ao ponto de motivar os estudantes a solucioná-la. 6. A resolução da entrega final é um exercício de reflexão e ação a partir de conteúdos factuais, conceituais, procedimentais e atitudinais.	
Entregas parciais	1. As entregas parciais correspondem a competências específicas da competência geral da área de atuação profissional. 2. As entregas parciais são partes menores da entrega final, de modo que a sequência de desenvolvimento resulta em uma atividade profissional. 3. As entregas parciais estão distribuídas considerando o tempo e os recursos disponíveis para o seu desenvolvimento. 4. As entregas parciais exigem a reflexão e ação a partir de conteúdos factuais, conceituais, procedimentais e atitudinais.	

Atividades de aprendizagem	1. As atividades de aprendizagem apresentam relação direta com o desenvolvimento das entregas parciais e, consequentemente, com o desenvolvimento da entrega final.
	2. As atividades promovem a aprendizagem de conteúdos factuais, conceituais, procedimentais e atitudinais.
	3. As atividades de aprendizagem permitem a participação ativa dos estudantes, compreendendo o desenvolvimento da autonomia, do protagonismo e do trabalho em grupo.
Materiais de estudo	1. Os materiais de estudo configuram uma base geral e específica para o desenvolvimento das atividades de aprendizagem e, consequentemente, das entregas parciais e entrega final.
	2. Os materiais são disponibilizados por meio de unidades de aprendizagem, livros, artigos científicos e vídeos.
	3. Os materiais de estudo contemplam conteúdos factuais, conceituais, procedimentais e atitudinais.
	4. Os materiais foram postados dentro do prazo estabelecido.
Instrumentos avaliativos	1. O instrumento avalia o desenvolvimento da competência geral e das competências específicas.
	2. O instrumento avalia conteúdos factuais, conceituais, procedimentais e atitudinais de maneira conjunta, inseridos em um contexto de aplicação.
	3. O instrumento está estruturado de modo que exige uma elaboração por parte do estudante.
	4. O instrumento contempla questões elaboradas de modo que não permitam respostas padrão que podem ser copiadas de materiais ou replicadas por outros estudantes.

Fonte: elaborado pelos autores

Como podemos observar, os critérios são um roteiro que ajuda a avaliar o planejamento docente, independentemente do modelo curricular adotada pela instituição. Ajustando as nomenclaturas, consegue-se avaliar disciplinas, projetos, atividades e o desenvolvimento de competências.

Na sequência, apresentaremos outro exemplo de critérios que podem ser utilizados para avaliação e/ou acompanhamento de docentes. Entendemos que a formação contínua faz parte da vida universitária, independentemente de sua natureza.

Quadro 5 – Critérios para acompanhar e apoiar o trabalho docente

Nome do docente: **Curso:**

Elemento	Critérios	Comentários
Atividade de aprendizagem	1. A atividade tem conexão com a temática do projeto mensal. 2. A atividade é exercício de aplicação do conhecimento em situações da atividade profissional. 3. A atividade auxilia na resolução do problema do projeto e/ou desenvolvimento do produto. 4. A atividade foi planejada como etapa que compõe a solução do projeto. 5. A atividade relaciona a competência a ser desenvolvida no projeto. 6. A atividade é contextualizada e problematizada, associada ao projeto mensal.	
Instrumento avaliativo	1. O instrumento proposto requer a aplicação de conhecimentos estudados durante a temática do projeto. 2. O instrumento estimula a problematização e aplicação dos conhecimentos em situações da atividade profissional. 3. O instrumento se norteia pelas Unidades de Aprendizagem disponibilizadas e estudadas pelo estudante durante a realização do projeto. 4. O instrumento foi elaborado com linguagem clara e objetiva. 5. O instrumento contempla os critérios avaliativos que serão considerados para a correção. 6. O instrumento prevê feedback, orientação ou outra forma que sinalize as melhorias requeridas para o processo de aprendizagem. 7. O instrumento foi pensado como parte do processo de aprendizagem e na lógica da mediação.	

Observações em sala de aula	1. O docente possui um planejamento do encontro com os estudantes.
2. O docente apresentou a competência ou o objetivo de aprendizagem do encontro.
3. O docente fez uma contextualização da temática do encontro, trazendo alguma âncora que gere conexão com a atuação profissional.
4. O docente apresentou, com clareza, os passos do encontro e o que o estudante realizará e, se for o caso, entregará ao fim da aula.
5. O docente oportunizou o trabalho em equipe ou colaborativo e acompanhou o desenvolvimento das atividades.
6. O docente fez uma boa gestão do tempo em relação à contextualização, realização das atividades pelos estudantes, apresentação, discussão e aprofundamento.
7. O docente disponibilizou materiais para estudo prévio e fez referência ao longo do encontro, sinalizando a conexão entre a teoria e a prática profissional.
8. O docente fez o fechamento do encontro conforme sua proposta inicial.
9. O docente, durante o processo de aprendizagem, utilizou exemplos e forneceu subsídios para que as atividades pudessem ser desenvolvidas pelos estudantes.

Fonte: elaborado pelos autores

Os exemplos apresentados têm como finalidade auxiliar na organização pedagógica da instituição, ferramentas que podem apoiar o trabalho de gestores e docentes. Não é pretensão unificar procedimentos, e sim orientar como se pode acompanhar os processos de aprendizagem e de avaliação, de maneira criteriosa e transparente.

3.5 ENCAMINHAMENTOS FINAIS

> *Não se pode conceber uma avaliação reflexiva, crítica, emancipatória, num processo de ensino passivo, repetitivo, alienante*
> *(Vasconcellos, 1995, p. 55)*

A citação de Vasconcellos (1995) é oportuna quando se aborda a questão dos critérios, corroborando para um processo de aprendizagem no qual os estudantes são os protagonistas. Ambientes de aprendizagem nos quais os estudantes são passivos e estudam apenas para repetir o que retiveram são um tanto empobrecedores, uma vez que contribuem pouco para sua formação profissional. Isso se evidencia quando o aluno precisa aplicar no exercício profissional o que aprendeu e, nesse momento, somente o conhecimento teórico é insuficiente.

A tarefa docente é árdua, não em virtude das dificuldades que enfrentamos quanto ao planejamento, mas, sobretudo, em função das barreiras que separam o ensinar e o aprender. A lógica do ensino requer determinada forma de avaliação que se distancia de um modelo centrado na aprendizagem. O desafio está posto e cabe-nos transpô-lo com seriedade e comprometimento com uma educação transformadora.

Ao construirmos uma parceria mais confiável com os estudantes, estes perceberão que o que está em análise é o desempenho e não sua pessoa. Por outro lado, para nós docentes fica evidente que quanto mais imparciais nas avaliações, com critérios que orientem o ato de avaliar, mais criteriosos seremos na emissão de pareceres, feedbacks e mediações.

Reforça-se que a ausência de critérios faz com que o processo educativo fique esvaziado, sem intencionalidade, contribuindo para a desinformação. É recomendável que façamos escolhas mais assertivas e comprometidas com processos avaliativos que permitam mais engajamento estudantil e, consequentemente, estejam mais a serviço da aprendizagem.

REFERÊNCIAS

BATISTA, A. M. P. **Critérios de avaliação com enfoque no ensino médio.** OAC. PDE. Curitiba: Seed, 2008.

CHAVES, S. **Avaliação da aprendizagem no ensino superior:** realidade, complexidade e possibilidades. São Paulo: USP, 2003.

DEPRESBITERIS, L. Instrumentos de avaliação: a necessidade de conjugar técnica e procedimentos éticos. **Revista Aprendizagem**, Pinhais-PR, Unitins, v. 1, n. 1, 2007.

FERNANDES, D. Para uma teoria da avaliação no domínio das aprendizagens. **Estudos em Avaliação Educacional**, Lisboa, Portugal, Universidade de Lisboa, v. 19, n. 41, p. 347-372, set./dez. 2008.

LUCKESI, C. C. **Avaliação da aprendizagem:** componente do ato pedagógico. São Paulo: Cortez, 2011.

MARINHO-ARAUJO, C. M.; RABELO, M. L. Avaliação educacional: a abordagem por competências. **Avaliação:** Revista da Avaliação da Educação Superior, Campinas; Sorocaba/SP, v. 20, n. 2, p. 443-466, 2015.

PEDROCHI JUNIOR, O.; PEDROCHI, W. E.; ROSSETTO, H. H. P. A avaliação formativa e a Zona de Desenvolvimento Proximal. **Research, Society and Development**, v. 8, n. 10, 2019, e288101371. Disponível em: https://www.redalyc.org/journal/5606/560662201028/560662201028.pdf. Acesso em: 29 jun. 2024.

VASCONCELLOS, C. dos S. **Avaliação:** concepção dialética-libertadora do processo de avaliação escolar. São Paulo: Libertad, 1995.

VIANNA, H. M. **Fundamentos de um programa de avaliação.** Brasília: Líber Livros, 2005.

CAPÍTULO 4

MODALIDADES DE FEEDBACKS AVALIATIVOS

O feedback é uma relevante ferramenta que pode contribuir com a aprendizagem do aluno, retomando os objetivos iniciais, e diagnosticando junto aos discentes, os aspectos a serem melhorados.

(Gaetta; Masetto, 2013)

4.1 CONVERSA INICIAL

O processo de aprendizagem é uma composição que integra planejamento, execução, avaliação e feedback, considerados os elementos constituintes de formação, em nível de graduação, na educação superior. Entender cada um desses elementos é fundamental para que possamos compreender a dimensão do que consiste fazer um curso superior. Analisaremos o feedback como um elemento que qualifica o processo de aprendizagem, pois indica possibilidades de aperfeiçoamento, sinalizando em que e como proceder para alcançar a finalidade do estudo.

Um processo avaliativo bem estruturado é fundamental para a realização do diagnóstico inicial, dos feedbacks, das mediações e orientações de como o estudante pode proceder para avançar em sua formação profissional. Um elemento que faz toda a diferença no processo avaliativo é o feedback fornecido aos estudantes, para que possam aperfeiçoar sua formação profissional.

O feedback é ferramenta importante do processo educativo, pois auxilia no desenvolvimento de competências e melhora a performance do estudante. Quanto mais for utilizado na educação, maior sua contribuição para o desenvolvimento pessoal e profissional do estudante. A vida ensina que o feedback bem empregado dá mais autonomia e segurança ao avaliado, pois suas decisões são tomadas, mediante acompanhamento, por profissionais que possuem experiência.

No desenvolvimento profissional, especialmente na formação inicial, na maioria das vezes há uma sobrecarga de conhecimentos teóricos, pois há o entendimento, equivocado, de que é preciso ter fundamentos para poder fazer algo relacionado ao exercício profissional. Contudo, os docentes que atuam em suas profissões sabem que a melhor forma de aprender é aplicar os conhecimentos em situações simuladas ou reais.

Quando esses profissionais entram em sala de aula, são orientados por coordenadores ou gestores acadêmicos e acabam seguindo o formato de aula expositiva ou teórica e não da forma como se aprende ao exercer a profissão. E mesmo nas empresas, quando iniciam sua trajetória profissional, sempre terão um colega mais experiente para recorrerem quando estiverem em dúvida ou precisarem de auxílio. Nesses momentos, o feedback é o aprendizado para a vida, ocorrendo no momento da dúvida e, portanto, será consolidado.

4.2 FEEDBACK E OS MOMENTOS DE APRENDIZAGEM

Na ausência de feedback, as pessoas preencherão os espaços em branco com uma negativa. Eles presumirão que você não se preocupa com eles ou não gosta deles.

(Pat Summitt, s/a)

Para uma definição de feedback, utilizarei Mory (2004), que entende ser qualquer procedimento ou comunicação realizada para informar o estudante em relação à atividade realizada, geralmente relacionada ao desenvolvimento de um problema identificado ou de uma competência. Também oportuniza ao estudante analisar seu desempenho atual com o que é esperado ao longo do componente curricular, semestre letivo ou curso.

Mas para uma melhor compreensão sobre a eficácia do feedback, apresentarei um exemplo cotidiano de um "marido de aluguel", profissional que executa as tarefas mais corriqueiras de uma casa. No seu caso, a contratação do profissional tinha como finalidade desentupir o cano da pia. O serviço foi realizado, o cano desentupido, mas o profissional deixou a pia e outros cômodos sujos, sem realizar a limpeza. Como seria o feedback para o profissional? Inicialmente, você mencionaria os aspectos positivos, por exemplo, a resolução do entupimento da pia e, como consequência, seu pleno funcionamento. Após, relataria que a limpeza após a realização do serviço não ocorreu, gerando certa insatisfação de sua parte. Por fim, recomendaria que nos próximos serviços, após concluído o trabalho, fizesse a limpeza, para satisfação do cliente.

No caso relatado, o feedback auxiliará a melhorar a prestação de serviços do profissional, impactando em sua recomendação, além de reduzir as queixas de insatisfação, uma vez que a execução da tarefa foi bem realizada, pecando apenas nos detalhes complementares. O mesmo ocorre quando pensamos o feedback no campo da educação superior, no qual os estudantes estão em processo de formação profissional e necessitam de orientação nas atividades de aprendizagem.

> *"Fornecer feedback para profissionais ou estudantes em formação é auxiliá-los a melhorar sua performance."*

Poulos e Mahony (2008) apontam três aspectos relevantes quanto à eficácia do feedback para estimular o processo de acompanhamento da aprendizagem do estudante:

- **Credibilidade** – Compreendida a partir da utilização do feedback pelo docente que o transmite, bem como os elementos que validam o que e como transmite.

- **Percepção** – O que os estudantes reconhecem como significado individual atribuído ao feedback e sua relação entre critérios de avaliação, notas e comentários que impulsionam o avanço da aprendizagem.

- **Impacto** – O momento em que o feedback é fornecido aos estudantes, sua relevância, o período de intervalo entre a realização da tarefa e a comunicação, reforçando que sua ocorrência é durante o processo educativo.

A utilização do feedback no processo de aprendizagem da educação superior valoriza o desenvolvimento formativo do estudante, além de indicar ajustes durante as etapas de execução. É importante que tenhamos o entendimento de que a mediação e orientação devem ocorrer ao longo do processo e não ao fim, quando já não há mais nada a fazer diante da reprovação. Para Gil (2012, p. 246),

> [...] a informação do desempenho é fundamental para a obtenção de mais elevados níveis de eficácia profissional. Se bem estruturada, constitui uma das poucas maneiras de verificar a pertinência do ensino que ministra e validade das ações.

4.3 MODALIDADES DE FEEDBACK

> *O feedback é uma ferramenta construtiva que incentiva os colaboradores ao crescimento e estimula a melhoria contínua.*
> (Surama Jurdi, s/a)

É importante definir os critérios para a realização das atividades de aprendizagem, pois orientarão o feedback a ser fornecido para o estudante. Apresentarei, na sequência, algumas modalidades de feedback que podem ser utilizadas para orientar as etapas de aprendizagem.

- **Feedback oral** – É quando o docente conversa com o estudante após a realização de uma atividade ou avaliação, assinalando os méritos do que foi realizado e o que requer ajustes e como deve proceder para que consiga avançar em seu processo de aprendizagem.

- **Feedback digital** – É quando o docente grava uma mensagem e a disponibiliza ao estudante, analisando a etapa ou processo, indicando ajustes ou melhorias e os procedimentos necessários para seu aperfeiçoamento da aprendizagem.
- **Feedback escrito** – É quando o docente escreve um parecer no qual detalha a etapa avaliada, indicando os acertos e mapeando possíveis ajustes, bem como os procedimentos necessários para o cumprimento, com êxito, da atividade.

As três modalidades são genéricas e dependem da atividade ou avaliação realizada, verificando qual é o mais assertivo para alcançar os propósitos da aprendizagem. De qualquer forma, é aconselhável que se comece valorizando o que o estudante fez, indicando as qualidades da produção, para, na sequência, indicar as melhorias e, principalmente, o percurso necessário para a realização dos ajustes.

> *"O feedback utilizado de maneira assertiva contribui para qualificar a aprendizagem, pois indica possibilidades que não eram vislumbradas."*

É importante destacar que um feedback formativo é cortês, respeitoso, cordial, focado na melhoria e qualidade da aprendizagem. Valoriza os esforços do estudante, indica um conjunto de possibilidades e orienta em relação aos procedimentos necessários para avançar no processo educativo. É recomendável que estabeleçamos uma relação de confiança com os estudantes, para que haja reciprocidade quanto ao feedback.

Para auxiliar o entendimento do que defendemos como característica de um feedback qualitativo, apresentarei um roteiro de manual de feedback estruturado, elaborado por Maia (2018) e colaboradores, o qual específica em recomendações os procedimentos que ajudam a fornecer de maneira qualitativa a orientação. Além do mais, detalha os passos a seguir para que o feedback seja efetivo.

Quadro 1 – Manual para o feedback estruturado

QUADRO 2
Manual para o feedback estruturado

Instruções para o feedback

Recomendação 1: estabelecer um ambiente de ensino adequado e respeitoso	A hora e o local para o *feedback* devem ser previamente acordados com o aluno. Um clima positivo de aprendizado é essencial para um *feedback* efetivo. Professor e aluno devem ter respeito e confiança mútuos. O professor deve ter cuidado com as palavras para não ser intimidador.
Recomendação 2: assegurar a privacidade	É fundamental garantir a privacidade do estudante; logo, uma sala silenciosa com professor e aluno sentados no mesmo nível seria o ambiente ideal. Evitar comentários sobre erros e vulnerabilidades do estudante diante de seus pares, o que pode gerar sentimentos de vergonha e humilhação.
Recomendação 3: ter o ensino como o objetivo primordial	Professor e aluno devem estar empenhados no processo ensino-aprendizado. O professor deve informar previamente o aluno sobre a existência e as razões da devolutiva, assegurando que fiquem claros os objetivos de ensino.
Recomendação 4: haver clareza e objetividade	Falar de maneira clara, facilitando o entendimento do estudante. Certifique-se de que o estudante entendeu o *feedback* e deixe-o à vontade para fazer perguntas.
Recomendação 5: basear o *feedback* na observação direta	O professor deve estar presente no momento em que o estudante executa as tarefas, realizando suas observações com base no que presencia. Não pode realizar o *feedback* tendo por base relatos de terceiros.
Recomendação 6: dar o *feedback* logo após realizada a tarefa	O *feedback* deve ser realizado o mais brevemente possível após a realização da tarefa, pois os eventos abordados serão relembrados de maneira mais acurada. Como a função do *feedback* é mudar atitudes e comportamentos, isso facilita que as mudanças sejam postas em prática antes do final do estágio.
Passo 1: começar o *feedback* com a autoavaliação do estudante sobre o que ele fez de bom	A prática da reflexão é ponto-chave para o aprendizado. Iniciar a sessão com a autoavaliação do que foi feito é uma boa maneira de iniciar o *feedback*.
Passo 2: ratificar os comportamentos corretos observados	Primeiro, reforçar as boas práticas, o que foi observado de bom e exemplar. Isto é importante para a autoconfiança do aluno.
Passo 3: perguntar ao estudante o que ele poderia ter feito melhor	A maior parte dos estudantes tem discernimento sobre o que fez de errado e suas fragilidades. Ao se usar esse recurso, é o próprio aluno quem introduz os aspectos negativos de seu desempenho, tirando do professor a exclusividade de explicitar os pontos fracos do aprendiz.
Passo 4: apontar as mudanças necessárias	Concordar de forma apropriada com o que foi dito, adicionando desta vez o *feedback* corretivo, provendo exemplos corretos e sugestões de melhoria.
Passo 5: concluir com um plano de ação	Estimule o estudante a gerar um plano de melhorias e aperfeiçoamento nos pontos necessários e agende um seguimento para checar os progressos alcançados.

Fonte: Maia *et al.*, 2018, p. 35

Em termos práticos, apresentarei um exemplo de feedback para uma atividade de aprendizagem, proposta no curso de graduação de Arquitetura e Urbanismo, na qual o estudante foi desafiado a mapear os prédios históricos de Foz do Iguaçu, Paraná, que representariam a diversidade cultural, característica da cidade. No inventário, o Estudante A apresentou os prédios históricos mais relevantes, excluindo o Centro Budista e o Espaço do Barrageiro.

No momento do feedback, o docente parabenizou o estudante pelo levantamento dos prédios históricos, representativos da diversidade cultural, e indagou o porquê não havia incluído o Centro Budista e o Espaço do Barrageiro. O estudante respondeu que o Centro Budista se associa ao campo da religiosidade e, em sua visão, não é um elemento cultural. E em relação ao Espaço do Barrageiro, no entendimento do estudante, representa somente os trabalhadores que construíram a Itaipu e, portanto, também não deveria integrar como elemento da diversidade cultural.

A partir das informações, o docente continuou o feedback da atividade, lembrando que a religiosidade é um elemento cultural, bem como o espaço em memória aos trabalhadores de Itaipu homenageia brasileiros e outras nacionalidades que contribuíram para a construção. Em seguida, orientou o estudante a realizar visitas em ambos os locais ou então fazer uma pesquisa virtual referente aos dois elementos culturais.

No relato, percebeu-se que o docente não indicou o equívoco cometido pelo estudante, mas o provocou a se posicionar em relação às escolhas realizadas. A partir das respostas, construiu o feedback de modo cordial, esclarecendo dúvidas e sinalizando a forma como poderia proceder para ampliar sua visão em relação à temática.

> *"O docente tem um papel fundamental no processo de aprendizagem dos estudantes e o feedback é um recurso pedagógico significativo."*

A valorização da cultura do feedback na educação superior auxilia no processo de aprendizagem, pois oportuniza aos estudantes correções de rota durante o percurso de formação profissional, não aguardando o término dos ciclos semestrais. E como docentes da educação superior, filiados aos preceitos da avaliação formativa, a utilização do feedback efetivo e qualitativo fortalece o desenvolvimento de competências pessoais e profissionais.

4.4 FEEDBACK NA PRÁTICA

> *Apoiar uma cultura em que há feedback sincero, construtivo e compromissado é viver com ousadia. Isso vale para empresas, escolas e famílias.*
>
> (Brown, 2013, p. 145)

Você já deve ter passado pela sensação de "dar um branco", como se tivesse bloqueado, frente a uma situação, cena ou atividade cotidiana. E se reconectar, às vezes, demora, pois pensamos em possibilidades e, geralmente, estamos sozinhos. Por que temos essa dificuldade que nos impede de avançar? Faltam conhecimentos, habilidades ou atitudes? Como podemos auxiliar nossos estudantes quando se encontram em tais situações?

Se as perguntas lhe despertaram interesse, tentaremos apresentar exemplos práticos e formas para superar tais obstáculos. Para iniciar nossa reflexão, darei um exemplo prático da vida cotidiana em que "dar branco" parece algo comum, mas, ao mesmo tempo, nos faz pensar que há motivações por trás do ocorrido.

Imagina que você foi fazer as compras na padaria para o café da manhã, selecionou os produtos e foi ao caixa pagar. Tirou seu cartão do bolso, passou no débito e quando precisou digitar a senha, você não a lembrava. Você fica constrangido, mas tenta ver outro cartão, se tiver, ou, na pior das hipóteses, devolve os produtos e vai para casa sem os ingredientes para o café.

O que essa ação tem a ver com o feedback? Aparentemente nada, mas se pensarmos como foi nosso processo formativo, perceberemos que a escola não nos desenvolveu para enfrentar os desafios do mundo real, pois confiar única e exclusivamente na memória não é uma prática da realidade.

Se no processo formativo tivéssemos tido um feedback de um docente ou responsável, orientando que devêssemos registrar a senha em um local, para que em caso de emergência, então, naquele momento do esquecimento, termos um plano "B".

E na educação superior, como utilizamos o feedback no processo de aprendizagem? É parte integrante do processo avaliativo? Tem a perspectiva de auxiliar na formação do estudante?

Nem sempre o feedback é parte integrante do processo de aprendizagem, pois há colegas que entendem não ser necessário para o desenvolvimento dos estudantes.

A nossa defesa é da utilização do feedback qualitativo em relação ao estudante, destacando:

- os aspectos assertivos da atividade ou desafio;
- o que requer ajustes ou melhorias e o porquê;
- a orientação de como proceder para a realização dos ajustes e melhorias.

Assim, o estudante terá um diagnóstico do que fez, identificação dos possíveis equívocos e, por fim, os procedimentos necessários para o aperfeiçoamento. Hattie e Timperley (2007, p. 81) compreendem o feedback como:

> [...] informação fornecida por um agente (por exemplo, professor, colega, livro, pai, si mesmo, uma experiência) em relação a aspectos de seu desempenho ou compreensão. Um professor ou pai pode fornecer informações corretivas, um colega pode fornecer uma estratégia alternativa, um livro pode fornecer informações para esclarecer ideias,

um pai pode fornecer incentivo e um aluno pode procurar a resposta para avaliar a exatidão de um item respondido. O feedback, portanto, é uma "consequência" do desempenho.

Se ao longo da vida pessoal e profissional tivermos pessoas dispostas a fornecerem feedbacks positivos, há enorme possibilidade de sermos pessoas melhores, com mais segurança nas decisões e, consequentemente, profissionais como capacidade para liderar e empatia.

> *"O feedback é uma ferramenta indispensável no processo de aprendizagem e sabemos que sua aplicação nem sempre tem como propósito o crescimento profissional e pessoal."*

Ainda na mesma perspectiva de aplicação prática do feedback, apresentaremos um exemplo a partir de uma atividade realizada no curso de Psicologia sobre clima organizacional. A proposta apresentada aos estudantes consistia em desenvolver ou realizar:

- uma pesquisa de clima organizacional;
- a aplicação da pesquisa na sala de aula e correção com possíveis diagnósticos;
- a elaboração de um plano de intervenção a partir dos resultados da pesquisa de clima organizacional.

Após a realização da atividade, o docente analisa os resultados e pode fornecer o seguinte feedback:

- As questões integrantes da pesquisa de clima organizacional oportunizam mapear a situação da organização, dos colaboradores e contempla a essência do que é preciso para um ambiente saudável.

- Recomenda-se algum ajuste nas questões e, se for o caso, como o estudante deve proceder.

- Na aplicação da pesquisa em sala, identificou-se incoerências, falta de clareza, incompreensões que requerem melhorias? Se sim, como o estudante deve proceder para superar as dificuldades.

- O plano de intervenção que foi apresentado com os resultados da pesquisa de clima organizacional resolverá as situações diagnosticadas com a aplicação do instrumento de coleta de dados? Se não, como o estudante pode melhorar o plano? Quais elementos precisa contemplar? E como deve proceder para tornar o plano mais adequado de acordo com o diagnóstico.

Percebemos que o feedback é um elemento que marca o processo de aprendizagem, pois é o momento em que se tem um parecer situacional:

- da realização do estudante e o nível de profundidade;
- se atendeu aos critérios;
- se requer ajustes e como pode proceder para realizar os aperfeiçoamentos;
- como fará a nova apresentação da proposta com as alterações ou mudanças.

Se para o estudante o feedback é algo novo em termos de processo de aprendizagem, para o docente, igualmente, acostumado mais com a atribuição da nota e não com um parecer referente ao ato de aprender, é igualmente desafiador. Por isso, faz-se necessário investimentos na formação continuada dos docentes da educação superior, para que se apropriem dos elementos transformadores que estão sendo implementados em várias instituições brasileiras.

4.5 ENCAMINHAMENTOS FINAIS

> *O feedback gera uma consciência da aprendizagem, mostrando seu resultado e comparando-a ao pretendido. Ele incentiva a mudanças, estimula a reflexão, orienta a adoção de comportamentos e reforça a motivação para repetir o acerto.*
>
> *(Peixoto, 2019, p. 31)*

Com formação continuada, qualidade nas ações e preocupação com a aprendizagem é que mudaremos a educação superior. Há um longo caminho a ser percorrido, especialmente quanto ao processo avaliativo. Não se consegue facilmente romper com práticas enraizadas de avaliação, pois a cultura docente ainda está condicionada ao formato de dar aulas expositivas.

O desafio dos gestores das instituições de educação superior é propor alternativas, viáveis e formativas, para que a avaliação seja uma composição dos três seguintes elementos:

1. A avaliação da aplicação dos conhecimentos em situações do exercício profissional.
2. O estabelecimento, com clareza, de critérios a serem considerados para a resolução proposta.
3. O feedback realizado, expondo a forma de melhorar ou aperfeiçoar o que foi produzido.

Vivemos o momento em que os docentes da educação superior precisam tomar partido em relação à promoção da aprendizagem. Deixar alguns vícios no passado e olhar para o presente como um campo de possibilidades para fazer a diferença com o ato pedagógico. Um bom começo seria utilizar o feedback como um elemento para orientar, de maneira mais precisa, os estudantes no percurso de suas aprendizagens pessoais e profissionais.

REFERÊNCIAS

BROWN, B. **A coragem de ser imperfeito**. Rio de Janeiro: Sextante, 2013.

GIL, A. C. **Didática do ensino superior**. 7. ed. São Paulo: Atlas, 2012.

HATTIE, J.; TIMPERLEY, H. The Power of Feedback. **Review of Educational Research**, Thousand Oaks, v. 77, n. 1, p. 81-112, mar. 2007.

MAIA, I. L. *et al.* Estratégia adaptada de *feedback* voltado para ambulatórios de graduação. **Revista Brasileira de Educação Médica**, Centro Universitário Christus, Fortaleza, n. 42, v. 4, p. 29-36, 2018.

MORY, E. H. Revisão da pesquisa de *feedback*. *In:* JONASSEM, D. (org.). **Manual de pesquisa em comunicação e tecnologia educacional**. Mahwah: Lawrence Erlbaum, 2004.

PEIXOTO, M. C. **Avaliação do *feedback* como ferramenta de ensino e aprendizagem em um curso de Medicina**. 2019. 63 f. Dissertação (Mestrado em Saúde da Família) – Universidade Federal de Uberlândia, Uberlândia, 2019.

POULOS, A. M. J.; MAHONY. **Effectiveness of feedback: the students' perspective Assessment and Evaluation in Higher Education**, 33, n. 2, p. 143-154. Londres, Routledge, 2008.

CAPÍTULO 5

WEBFÓLIO, PORTFÓLIO E PROCESSOFÓLIO AVALIATIVOS

> [...] em educação o portfólio adquire outra dimensão, não se limita a mera compilação de trabalhos, sendo que inclui uma narrativa reflexiva que permite a compreensão do processo de ensino e de aprendizagem, segundo o caso, e pode facilitar a avaliação.
>
> (Espinosa; Sanchez Vera, 2008, p. 21)

5.1 PALAVRAS INICIAIS

O processo de aprendizagem na educação superior, nas primeiras décadas do século XXI, no que se refere a estratégias, desenvolvimento de competências, aplicação de conhecimentos na prática profissional e utilização da tecnologia, avançou consideravelmente, aperfeiçoando a formação dos estudantes. É consenso entre os docentes que os aspectos elencados tiveram avanços consideráveis e umas das lacunas talvez ainda seja o processo avaliativo. Pensar estratégias para aperfeiçoar a avaliação constitui o desafio mais premente para os docentes atuantes na educação superior.

O registro do processo avaliativo é essencial, pois permite acompanhar o desenvolvimento dos estudantes, analisando as etapas e indicando possibilidades de aperfeiçoamento. Em relação aos registros dos desempenhos avaliativos, existem inúmeros formatos e possibilidades de fazê-los, dos quais destacamos três:

1. **Webfólio** – Registro digital das etapas de aprendizagem.
2. **Portfólio** – Registro escrito da essência do processo educativo.
3. **Processofólio** – Registro do processo de aprendizagem, com ênfase nos elementos essenciais do ato de aprender.

A prática docente, recentemente, posicionou-se em direção à formação profissional, pois conscientizou-se de que um conjunto de informações ou conceitos fragmentados não são capazes de formar bons profissionais. Entretanto, se, ao contrário, o estudante tiver experiências práticas ao longo do curso de graduação, estará preparado para enfrentar os desafios da profissão.

Essa prática docente inovadora requereu novos procedimentos avaliativos, especialmente quanto aos registros, uma vez que a formação alicerçada na prática profissional exige educação mais personalizada, orientando os avanços dos passos ou etapas. Tal procedimento rompe com a ideia de avaliação homogênea, na qual um único instrumento é aplicado da mesma forma para todos os estudantes.

5.2 EVIDÊNCIAS DO PROCESSO AVALIATIVO

> *[...] prosseguir no sentido de uma avaliação formativa significa mudar a escola, se não completamente, pelo menos o suficiente para que não nos envolvamos ingenuamente na transformação das práticas de avaliação sem nos preocuparmos com o que a torna possível ou o que a limita.*
>
> (Perrenoud, 1993, p. 174)

O pensamento de Perrenoud (1993) apresenta uma realidade nas instituições escolares, independentemente do nível, uma vez que os desafios para inovar no processo avaliativo são acompanhados de possibilidades e limites que precisam ser considerados. Assim, o desafio dos gestores e docentes é criar estratégias que auxiliam no aperfeiçoamento das práticas avaliativas, colocando-as a serviço da aprendizagem.

É prática comum, sem generalizações, encontrarmos escolas e universidades que organizam atividades em diferentes áreas e, ao serem finalizadas, não fazem registros ou avaliações. Na nova oferta da mesma atividade, parte-se, novamente, da etapa inicial, quando há registros e evidências de que o tempo de organização e planejamento poderia ser abreviado. Em relação à produção de evidências, Black e Wiliam (2009, p. 7) têm uma posição bem definida, ao afirmarem que:

> A prática em uma sala de aula é formativa na extensão em que evidências sobre o aproveitamento dos estudantes é estimulada, interpretada e utilizada pelo professor, pelos alunos, ou seus pares, para tomarem decisões sobre os próximos passos em instrução, que são esperadas para serem melhores, ou seja, melhor fundamentadas do que decisões que eles pudessem tomar na ausência das evidências que foram estimuladas.

Nesse sentido, a utilização de recursos como portfólio, webfólio, processofólio e outras nomenclaturas auxiliam a dinamizar o processo avaliativo. Para Hernández (2000, p. 166), portfólio é

> [...] um continente de diferentes tipos de documentos (anotações pessoais, experiências de aula, trabalhos pontuais, controles de aprendizagem, conexões com outros temas fora da escola, representações visuais, etc) que proporciona evidências do conhecimento que foram sendo construídos, as estratégias utilizadas para aprender e a disposição de quem o elabora para continuar aprendendo.

Independentemente das nomenclaturas, o que cabe no momento é analisar o processo avaliativo e de que forma podemos aperfeiçoá-lo, na perspectiva da promoção de aprendizagens. Não é para medir, quantitativamente, o aprendizado do estudante, mas o quanto contribuímos em sua formação profissional. Nesse sentido, Alves (2006, p. 104-105) traz uma importante contribuição para entender como as modalidades aqui analisadas foram introduzidas em diferentes lugares, propondo três contribuições para o processo avaliativo

> **1. Porta-fólio** – Como é chamado no Canadá, significa uma amostra do dossiê. É o recipiente ou pasta onde se guardam todos os materiais produzidos pelo estudante, cronologicamente.
>
> **2. Processo-fólio** – Visto como instrumento que reflete a crença de que os estudantes aprendem melhor e de uma forma mais integral, a partir de um compromisso com as atividades ocorridas durante um período significativo que se constrói sobre conexões naturais com os conhecimentos escolares.
>
> **3. Webfólios** – Com os avanços da tecnologia da informação e comunicação, os webfólios podem guardar toda a memória do período escolar desde a educação básica até a educação superior de um estudante, memória que servirá como processo de reconstrução de suas aprendizagens e como elemento de avaliação.

> *"A utilização de portfólios, em diferentes tipologias, contribui para qualificar o processo avaliativo e oportuniza uma avaliação mais completa."*

Para entender melhor o quanto a utilização da tipologia dos portfólios pode auxiliar no processo avaliativo, trago a análise de Lunar, citado por Miranda (2017, p. 282), que destaca algumas características do webfólio, mas que cabem, perfeitamente nos demais modelos:

- **Formativa** – Possibilita modificação, ajustes, reflexões durante o processo e possíveis alterações com o objetivo de melhorar a aprendizagem.
- **Contínua** – Implica uma constante construção, reconstrução, envolvimento e não apenas em momentos isolados ou fragmentados no processo avaliativo.

- **Integral** – Abarca os vários elementos do processo de construção de conhecimentos, não só relacionados ao cognitivo, mas apresenta outros, como o social, afetivo, cultural, ideológico e outras dimensões.

- **Individualizada** – Apresenta as características de cada sujeito, as suas crenças e visões de mundo, possibilitando conhecer o ritmo e os estilos de aprendizagem de cada estudante.

- **Qualitativa** – Baseia-se em critérios de qualidade organizados pelos estudantes e em conformidade com o objetivo do portfólio e privilegia os resultados de maneira heterogênea.

- **Contextualizada** – Está inserido em um determinado contexto que apresenta consigo suas marcas e contradições, de acordo com a realidade do estudante ao construir o seu portfólio.

Apresentarei um exemplo de portfólio que pode ser utilizado para registrar a aprendizagem de um componente curricular, uma atividade de aprendizagem, um desafio, um projeto executado ou até mesmo quanto à realização de práticas, estágios ou visitas técnicas.

5.3 EXEMPLO DE PORTFÓLIO AVALIATIVO

> *[...] um processo de avaliação que envolve registro e revisão do progresso do aluno ao longo do curso.*
> *(Bowen, 1988, p. 48)*

Para auxiliar os docentes e exemplificar a elaboração de um portfólio, como já foi dito, há inúmeros modelos e formatos, mas aqui apresentaremos um, relativamente simples e fácil de ser elaborado. Pode ser aplicado para estudantes que estão nos primeiros semestres de sua formação profissional.

Figura 1 – Exemplo de Portfólio

MODELO DE PORTFÓLIO

Curso: Pedagogia   Acadêmico: João Paulo Vicente

DESAFIO n.1: CURSO DE FORMAÇÃO DOCENTE

BREVE APRESENTAÇÃO DO DESAFIO: Organizei um Curso de Formação Docente para profissionais da Educação Básica. Entendo que a formação continuada é um elemento fundamental para qualificar a educação e portanto, alcançar a finalidade do processo que é fazer o estudante aprender. Estudei as tendências pedagógicas, os autores que discutem a temática e assisti vídeos de profissionais que discutiam a Formação Docente. O curso proposto tem 40h, organizado em oficinas de vivência prática, com sugestão de leituras para aprofundamento teórico.

ETAPAS DA RESOLUÇÃO: 1. Inicialmente fiz um levantamento das tendências pedagógicas que pesquisam a Formação Continuada de Docentes. Depois, estudei o pensamento de teóricos que escrevem, falam ou pesquisam a temática formação docente. 2. Na segunda etapa, fiz um Checklist dos elementos necessários para a organização do curso de Formação Docente. 3. Na etapa seguinte, fiz um estudo para saber como os docentes aprendem ao longo de sua profissão. 4. Na sequência montei as etapas do curso e o que seria contemplado. 5. A essência que trabalhei na montagem do curso foi o envolvimento dos docentes durante a realização do curso. 6. Procurei um Design Gráfico para auxiliar no visual do curso.

Cada etapa desenvolvida foi importante para compreender os elementos essenciais que são requeridos pelos profissionais da educação para a constante atualização. O avanço tecnológico e tantos atrativos disponibilizados pelas mídias sociais requerem uma nova postura docente para fazer do processo de aprender algo significativo e eficaz. Urge repensar a formação docente para que atenda e auxilie na qualificação dos profissionais que estão, diariamente, em sala de aula, disponibilizando ferramentas atualizadas.

APRENDIZAGENS PROFISSIONAIS ADQUIRIDAS: A organização do curso de Formação de Docentes para a Educação Básica oportunizou compreensão quanto a atuação do pedagogo na área da gestão e organização da formação continuada. Geralmente os momentos de formação são utilizados para passar informações e não como espaço de estudos para o aperfeiçoamento profissional. Perde-se um tempo precioso que poderia fazer a diferença quando se trata de fazer o estudante aprender.

Fonte: Debald, 2020

O portfólio, webfólio ou processofólio são utilizados no campo profissional, pois evidenciam com maior propriedade as realizações do candidato se comparados ao currículo normal. As diferentes possibilidades de utilização do portfólio representam as etapas da carreira, com inclusão de imagens, pequenos descritivos, depoimentos de envolvidos (no caso clientes), fornecendo credibilidade ao descrito no documento. Na vida real, você poderá elaborar um portfólio com suas realizações, em diferentes corporações que trabalhou, enfatizando as contribuições significativas e relevantes para a empresa e pessoas. Assim, os interessados em sua contratação terão mais elementos para conhecer suas qualidades pessoais e profissionais.

> *"O portfólio registra o melhor de nós no campo profissional, como pessoa, sendo transparente e original."*

Os estudantes da educação superior, quando são desafiados a relatarem, com propriedade, o percurso de aprendizagem, encontram dificuldades, pois não é comum analisar a própria trajetória. Contudo, ao serem estimulados, serão mais cautelosos nas atividades, pois pensarão não como acadêmicos, para entregar uma atividade a ser corrigida, mas como profissionais em formação.

Ao utilizarmos o portfólio como instrumento avaliativo, teremos mais elementos qualitativos para verificar a aprendizagem, resultando em um acompanhamento mais eficaz do processo educativo. E em tempos em que a educação está em processo de virtualização, a utilização do webfólio, como registro do que é realizado em termos de formação profissional, é fundamental para que se possa olhar a progressão da aprendizagem. Para Alves (2006, p. 103),

> [...] os webfólios podem guardar toda a memória do período escolar desde a Educação Básica até a Educação Superior de um estudante, que servirá como processo de reconstrução de suas aprendizagens e como elemento de avaliação.

É interessante que valorizemos as habilidades dos nossos estudantes, mais adeptos à tecnologia, solicitando a gravação em vídeo, de processos educativos. Assim, desenvolvem competências de comunicação, organização de ideias, sequência narrativa, além de contemplar, em poucos minutos, o que é essencial na atividade realizada. E como docentes, podemos exibir os vídeos, analisar a performance dos estudantes, fazendo feedbacks construtivos para aperfeiçoar a prática.

A utilização do portfólio, escrito, oral ou digital, enriquece o ato de avaliar, pois torna o processo mais ampliado, contemplando mais elementos para a análise e compreensão da etapa formativa do estudante. Ao mesmo tempo, permite-nos indicar, com mais propriedade, o que requer ajustes ou melhorias, com proposição de como pode fazê-lo. No entendimento de Carvalho (2007, p. 65), para compor cada tipologia de portfólio,

> [...] o professor poderá lançar mão de sua criatividade e da necessidade de seu grupo, e é importante que cada portfólio contenha material suficiente para representar uma amostra do desenvolvimento do aluno, possibilitar a avaliação formativa e assim atingir o objetivo a que se destina.

"Em processos educativos que utilizam o desenvolvimento de competências, a introdução do portfólio enobrece o ato de avaliar."

Evidentemente que a utilização do portfólio na docência da educação superior requer tempo para planejar, avaliar, registrar e, sobretudo, de feedback ao estudante. E isso é possível, pois temos tempo para isso se formos eficazes na utilização do tempo e estivermos comprometidos com a aprendizagem dos estudantes. Por isso, o papel docente transcende o simples ato de ensinar conhecimentos, exigindo coparticipação na aprendizagem do estudante.

E, ao sermos corresponsáveis, assumimos um compromisso com a aprendizagem.

5.4 LEMBRANÇAS PASSADAS DOS REGISTROS

> [...] correspondem a uma coletânea de apontamentos e relatos, planos e registros diários, que retratam atividades desenvolvidas, objetivos propostos, narrativas de aula, observações sobre as crianças, encaminhamentos construídos ao longo do ano.
> (Lopes, 2009, p. 115)

Lopes (2009), ao referir-se à importância dos registros na educação infantil, fez lembrar de quando éramos estudantes e guardávamos cadernos de registros da trajetória estudantil. Cada ano se iniciava com cadernos em branco e, ao fim, todos cheios de anotações, exercícios, atividades ou cópias realizadas do quadro. Geralmente guardávamos os cadernos ou registros mais significativos, os que elegíamos como diferenciais do nosso processo de aprendizagem.

E por que fazíamos questão de guardar registros escolares? Por que um desenho, uma redação ou outro registro motivou o arquivamento? No nosso entendimento, é porque aquela atividade de aprendizagem foi significativa. Marcou o ato de aprender. E fazíamos questão de guardá-la como uma boa recordação. Por outro lado, a mesma atividade, vista sob o âmbito do docente, enquadra-se em uma boa prática de aprendizagem.

E como na vida real registramos nossas evidências mais marcantes? Por que temos o hábito de registrar momentos de nossa vida? Há uma década, o registro das nossas ações mais marcantes era realizado em fotos e vídeos. Com o passar do tempo, adotamos a *self*, a postagem nas redes sociais e outras formas mais instantâneas de registro. Estamos presentes, com registros, e, ao mesmo tempo, acompanhamos as outras pessoas, por meio das postagens em redes sociais.

E na educação superior, como registramos as etapas de aprendizagem e, principalmente, destacamos os aspectos relevantes do processo educativo? Os estudantes têm o hábito de registrar suas aprendizagens? Os docentes corrigem esses registros e dão feedback? E por que utilizar o portfólio como instrumento de avaliação?

As respostas para tais questionamentos podem ser encontradas de acordo com a concepção de avaliação que defendemos. Se nosso entendimento de avaliação é como processo, então a utilização do webfólio, portfólio ou processofólio são importantes para os registros das etapas de aprendizagem. Agora, se entendemos que a avaliação é uma etapa a parte, então os registros não são tão relevantes, pois o que é valorizado é o resultado na avaliação, e não o que foi e nem como foi construído.

E por que é importante ter um portfólio profissional? A resposta pode ser encontrada pelo simples fato de ao concluir o curso e buscar inserção no mundo do trabalho, o estudante, geralmente, não tem experiência e, portanto, perde oportunidades. No entanto, se tiver um portfólio, poderá apresentar como um rol de realizações, mesmo que em nível acadêmico, mas que podem auxiliar na conquista da empregabilidade. Além do mais, serão realizações concretas, aplicadas ao exercício profissional, demonstrando a apropriação de competências requeridas para um profissional que quer fazer a diferença na sociedade em que vive.

> *"O registro de evidências oportuniza ao estudante de cursos superiores revisitar sua formação, aperfeiçoando sua trajetória profissional."*

A utilização do webfólio, portfólio ou processofólio na avaliação valoriza a participação dos estudantes no processo de aprendizagem. Ao refletir sobre sua aprendizagem, o estudante percebe o que aprendeu, o que pode ser melhorado e como deve proceder para realizar a mudança. O registro, qualitativo, das etapas de sua aprendizagem faz com que o estudante tenha uma percepção mais clara do processo educativo. E, ao considerar as etapas, poderá, de maneira comparativa, avaliar sua evolução no curso, percebendo o quanto foram seus avanços formativos profissionais.

Vamos dar um exemplo de utilização do webfólio, portfólio ou processofólio como instrumento de avaliação na educação superior. O curso é de Engenharia Civil e a atividade proposta é acompanhar a instalação de um canteiro de obras para uma construção de 500 metros quadrados. Os estudantes analisam todas as plantas e documentos relativos à obra. Olharam o cronograma da obra, as etapas e o tempo para a concretização. Além disso, por três meses, acompanharam o canteiro de obras, com visitas periódicas, registro de vídeos e fotografias.

Após os três meses, os estudantes organizaram o webfólio com o registro das etapas que acompanharam, ilustrando com fotos, pequenos vídeos, destacando os elementos mais relevantes para a formação do engenheiro civil. O webfólio foi postado no Ambiente de Aprendizagem para ser apreciado pelo docente.

No exemplo de webfólio da Engenharia Civil percebemos quão importante é o registro das etapas para compor, com qualidade, as etapas formativas. Ao mesmo tempo, permite ao docente, mediante a análise do webfólio, verificar o engajamento e envolvimento dos estudantes no canteiro de obras, pois terá elementos variados para a análise, fartamente ilustrados.

É importante que o docente, após a análise, dê um feedback, por escrito, falado ou gravado sobre o que considerou relevante, o que pode ser ajustado e como o estudante deverá proceder para melhorar o que se faz necessário. Fernando Hernandez (2000, p. 166) destaca que o portfólio é um conjunto de diferentes tipos de documentos:

- anotações pessoais;
- experiências de aula;
- trabalhos pontuais;
- controles de aprendizagem;
- conexões com outros temas fora da universidade;
- representações visuais, entre outros.

Os registros do portfólio proporcionam evidências do conhecimento que foram sendo construídos, as estratégias utilizadas para aprender e a disposição de quem o elabora para continuar aprendendo. É recomendável que os docentes utilizem o portfólio em suas diferentes apresentações como um instrumento valioso de avaliação da aprendizagem. A ferramenta qualifica o processo de aprendizagem, pois aproxima e estabelece a interação entre estudantes e docentes, valorizando experiências significativas de educação. E se queremos fazer a diferença, precisamos repensar a forma como avaliamos a aprendizagem. E a utilização do portfólio pode ser o começo de um processo transformador de avaliação.

5.5 ENCAMINHAMENTOS FINAIS

> *O aluno torna-se sujeito de sua aprendizagem quando é capaz de desenvolver um roteiro diferenciado em relação ao que aprende e a se posicionar crítica e reflexivamente em relação à aprendizagem. [...] A sala de aula tem que se converter em um espaço de diálogo e reflexão.*
>
> *(González Rey, 2006, p. 40)*

A produção de evidências do que é realizado em sala de aula ou durante o processo de aprendizagem é uma forma de garantir qualidade na formação profissional, além de permitir o acompanhamento e a avaliação do que foi realizado e sua concordância com o que foi planejado. Os registros na educação superior estão cada vez mais evidenciados, sejam como portfólios, webfólios ou processofólio, sustentando novas perspectivas de avaliação, mais amplas e qualitativas.

Os registros são essenciais para novas análises, revisão ou ajuste de alinhamento quando for o caso, servindo para o estudante como contribuições quanto ao procedimento e ao docente no sentido de avaliar se o que foi proposto foi ou não realizado. É como se fosse um acordo entre estudantes e docente de como será o processo de avaliação, sempre amparado por critérios claros e com objetividade.

Mesmo que o registro de evidências seja uma prática que já comprovou sua eficácia, ainda é pouco utilizado na educação superior, requerendo mais detalhamento e comprometimento do docente quanto aos registros. Para muitos docentes, quando requer mais trabalho, eles optam por não utilizar, embora haja o impacto positivo na formação.

REFERÊNCIAS

ALVES, L. P. Portfólios como instrumentos de avaliação dos processos de ensinagem. *In:* ANASTASIOU, L. das G. C.; ALVES, L. P. (org.). **Processos de ensinagem na universidade:** pressupostos para as estratégias de trabalho em aula. 6. ed. Joinville: Univille, 2006. p. 101-120.

BLACK, P.; WILIAM, D. **Developing the theory of formative assessment.** Disponível em: http://eprints. Acesso em: 21 ago. 2012.

BOWEN, J. Student self-assessment. *In:* BROWN, S. **Assessment:** a changing practice. Edinburgh: Scottish Academic Press, 1988. p. 47-70.

CARVALHO, S. H. R. de. Avaliação na Educação Infantil: O Portfólio como ferramenta. **Revista Terra e Cultura**, n. 44, ano 23, jan./jul., 2007. Disponível em: http://web.unifil.br/docs/revista_eletronica/terra_cultura/n44/terra_cultura-44.pdf. Acesso em: 20. jun. 2023.

GONZÁLEZ REY, F. L. O Sujeito que aprende; desafios do desenvolvimento do tema da aprendizagem na psicologia e na prática pedagógica. *In:* TACCA, M. C. V. R. (org.). **Aprendizagem e trabalho pedagógico**. Campinas: Alínea, 2006. p. 29-44.

HERNÁNDEZ, F. **Cultura visual, mudança educativa e projeto de trabalho.** Tradução de Jussara Haubert Rodrigues. Porto Alegre: Artmed, 2000.

LOPES, A. C. T. **Educação Infantil e registro de práticas.** São Paulo: Cortez, 2009.

MIRANDA, J. dos R. O Webfólio como procedimento avaliativo no processo de aprendizagens: sentidos, significados e desafios. **Informática na Educação:** teoria & prática, Porto Alegre, v. 20, n. 2, p. 272-286, mai./ago. 2017.

PERRENOUD, P. Não mexam na minha avaliação! Para uma abordagem sistémica da mudança pedagógica. *In:* ESTRELA. A.; NÓVOA, A. (org.). **Avaliações em educação:** novas perspectivas. Porto: Porto Editora LDA, 1993. p. 171-191.

CAPÍTULO 6

AUTOAVALIAÇÃO DA APRENDIZAGEM

> *A autoavaliação, como um processo de autorreflexão, permite ao aluno o questionamento de seus esquemas de pensamento e de suas rotinas e hábitos de estudo, possibilitando uma nova relação com o conhecimento.*
>
> (Grego, 2013)

6.1 PALAVRAS INICIAIS

A participação dos estudantes no processo avaliativo nem sempre é vista com bons olhos pelos docentes, acostumados a centralizarem a avaliação na condição de instrumento de poder que transcende o ato da aprendizagem. Contudo, com foco na qualidade, a participação é fundamental, pois a autoavaliação auxilia para que possamos compreender a percepção dos estudantes em relação ao processo de aprendizagem.

É cada vez mais frequente a utilização de novos instrumentos avaliativos para verificar a ocorrência de aprendizagem, e uma delas é a autoavaliação. Conforme Silva e Bartholomeu de Claus (2007), a autoavaliação é:

> [...] um processo pelo qual um indivíduo, além de avaliar uma produção, uma ação, ou uma conduta da qual ele é o autor, também avalia suas capacidades, seus gostos, seu desempenho, suas competências e habilidades.

Constitui processo cognitivo complexo, pelo qual o indivíduo (estudante ou doente) faz um julgamento, com o objetivo de melhor conhecimento pessoal, visando ao aperfeiçoamento de suas ações e do próprio desenvolvimento cognitivo.

Vamos relembrar um fato que marcou nossa cultura educacional fazendo uma volta no tempo para lembrar como foi a experiência com a prática da autoavaliação. Em algum momento da nossa vida estudantil, tivemos a oportunidade de participar de um processo de autoavaliação, embora não tivéssemos clareza quanto à sua finalidade.

Certamente o que vem na nossa memória é a prática na qual éramos estimulados a atribuir nota pelo desempenho pessoal em um trabalho, atividade ou projeto. E, claro, atribuíamos ou a nota máxima, 10, ou então nota intermediária, acreditando que o docente possivelmente a melhoraria. É interessante observar que atribuíamos a nota sem nenhum critério, apenas motivados pela vantagem de tirar uma boa nota.

A autoavaliação, assim aplicada, não é um elemento formativo e não auxilia o estudante a ter compreensão do seu processo de aprendizagem, pois não há feedback do docente e a única percepção é a do estudante.

6.2 AUTOAVALIAÇÃO NO PROCESSO DE APRENDIZAGEM

> *[...] as escolas eficientes são escolas abertas à inovação, em busca contínua de melhores respostas aos problemas recorrentes.*
> (Thurler, 2001, p. 10)

A utilização da autoavaliação no processo de aprendizagem está na perspectiva de Thurler (2001), uma vez que requer inovação e um certo desprendimento por parte dos docentes. Utilizar novas formas de avaliar o estudante, além da tradicional prova, exige planejamento, dedicação e conhecimento por parte dos docentes que, por sua vez, não estão muito dispostos à mudança, por ser trabalhosa.

A dificuldade da introdução da autoavaliação no processo educacional se explica pela forma como a conduzimos, desde os anos iniciais, muito mais para atribuição de uma nota do que um parecer sobre a percepção da aprendizagem. Assim, fomos induzidos a pensar que autoavaliação é atribuir-nos uma nota, preferencialmente a máxima, por algo realizado, sem nenhum critério orientativo.

Envolver os estudantes no processo avaliativo ainda gera discussões e debates, pois é uma prática pouco usual na educação superior. De acordo com Esteban (2001, p. 14), a avaliação qualitativa

> [...] configura-se como um modelo em transição por ter como centralidade a compreensão dos processos dos sujeitos e da aprendizagem, o que produz uma ruptura com a primazia do resultado característico do processo quantitativo.

A avaliação qualitativa contempla a autoavaliação, pois evidencia elementos que só são perceptíveis se forem considerados no processo avaliativo e se fizerem parte do desenvolvimento da aprendizagem.

Apresentarei um exemplo cotidiano para demonstrar como autoavaliamos ações realizadas, mas sem estabelecer critérios, torando o processo subjetivo. Vamos imaginar que você se vestiu com trajes esportivas para passear no bairro no qual reside. Calçou um tênis, meias, camiseta, bermuda e boné, com base em suas preferências, julgando adequado para a ocasião. Alguém poderá observar você passeando e, analisando sua forma de vestir, julgar que as cores não combinam e nem o traje para a ocasião.

No caso relatado, a autoavaliação não foi planejada e sequer teve critérios, por exemplo, cores e combinações da camiseta, bermuda, tênis ou boné. Para Regnier (2002, p. 5), a autoavaliação é:

> [...] um processo pelo qual o indivíduo avalia por si mesmo, e geralmente para si mesmo, uma produção, uma ação, uma conduta da qual ele é o autor ou ainda suas capacidades, seus gostos, suas performances e suas competências ou a si mesmo enquanto totalidade.

A autoavaliação requer orientação e acompanhamento em se tratando do processo educativo, seja de qual nível for, para poder auxiliar, ajustar e indicar melhorias da forma como foi realizado. Tal postura traz maturidade para o processo e o qualifica, uma vez que tem alguém com experiência acompanhando as etapas.

> *"Estimular a autoavaliação no processo avaliativo é comprometer os estudantes com o desenvolvimento das aprendizagens."*

Uma boa prática de autoavaliação é o docente criar fichas individuais, nas quais os estudantes anotam, periodicamente, elementos que consideram relevantes em seu processo de aprendizagem. O registro é uma memória realizada pelos estudantes que serve como diagnóstico para intervenções ou ajustes no processo educativo. É importante que o docente estabeleça critérios em relação aos registros, bem como a periodicidade, permitindo a análise com mais objetividade.

É importante estabelecer um roteiro aos estudantes para orientá-los nos procedimentos da autoavaliação. Assim, haverá coerência em relação aos propósitos de aprendizagem, oportunizando mais compreensão do processo, além de mais transparência. Para Gil (2007, p. 253), a autoavaliação

> [...] é o processo pelo qual as pessoas se apercebem do quanto aprenderam e em que medida se tornaram capazes de proporcionar a si mesmas informações necessárias para o desenvolvimento da aprendizagem.

Cruz e Silva (2019) elaboraram uma ficha de autoavaliação para que os estudantes do curso de Pedagogia pudessem se avaliar, estabelecendo critérios que contemplavam conhecimento, habilidades e atitudes. Isso quer dizer que uma questão, um caso, uma visita técnica, uma prática de laboratório ou outra atividade pode valer-se do recurso, incorporando-o no processo avaliativo. No caso, a autoavaliação foca elementos que, com outros instrumentos avaliativos, podem passar despercebidos. Na sequência, apresentaremos o exemplo criado pelas autoras, indicando os elementos selecionados para compor o instrumento, orientando os estudantes quanto à autoavaliação. Lembramos que é uma sugestão de critérios norteadores da autoavaliação.

Figura 2 – Modelo de ficha de autoavaliação

VALORES/ATITUDES/CAPACIDADES
1-Fui pontual
2- Fui assíduo
3- Estive atento
4- Fiz os trabalhos de casa
5- Fui organizado: registros, material para as aulas
6- Respeitei compromissos e cumpri prazos
7 - Demonstrei interesse pelos assuntos tratados
8- Colaborei, positivamente, nos trabalhos do grupo
9- Dei a minha opinião e respeitei a dos outros
10-Procurei cultivar a amizade e entreajuda
11-Estudei diariamente os assuntos dados nas aulas
12 – Fui capaz de colocar questões em diferentes situações
13- Tentei corrigir meus erros
14-Fui capaz de organizar e desenvolver meu trabalho sozinho
15-Participei, corretamente, nas atividades desenvolvidas
16-Participei nas aulas de forma adequada
17- Tomei a iniciativa de apresentar novas ideias/propostas
18- Aceitei críticas ao meu trabalho e/ou comportamento
19- Relacionei-me bem com os colegas
20- Fui correto no meu relacionamento com a professora
21- Respeitei as regras de funcionamento da turma/escola
22-Fui perseverante (não desisti perante as dificuldades)
23-Adquiri conhecimentos
24- Fui capaz de aplicar esses conhecimento nas provas
25- Fui capaz de relacionar os temas tratados na disciplina
26- Escrevo com clareza e correção
27-Utilizei materiais suplementares

Fonte: Cruz e Silva, 2019

Precisamos avaliar se a autoavaliação pode ser utilizada como único instrumento de avaliativo para verificação da aprendizagem ou do desenvolvimento das competências profissionais e pessoais. A definição parte das finalidades de aprendizagem que consideramos como parâmetro para o componente curricular. Precisamos lembrar que o estudante, ao participar de uma autoavaliação, considera aspectos subjetivos para fazer a avaliação quando não estabelecemos critérios claros que precisam ser considerados.

> *"Estabelecer parâmetros para a autoavaliação é fundamental para que os estudantes tenham ciência do formato de condução do processo."*

A prática da utilização autoavaliação tem sua relevância quando o estudante compreende suas aprendizagens, identifica suas limitações quanto ao desenvolvimento pessoal e profissional. Ao dialogarmos com o estudante, analisando as opções estratégicas de aprendizagem utilizadas, oportunizamos que amplie sua percepção, mediante um processo reflexivo, nem sempre usual, em decorrência das inúmeras atividades do cotidiano.

6.3 AUTOAVALIAÇÃO NA PRÁTICA DA SALA DE AULA

> *[...] com a autoavaliação, o aluno conquista a competência de pensar, a capacidade de exercer o controle das suas ações bem como de tomar decisões face às suas aprendizagens.*
> *(Bernardes; Miranda, 2003, p. 21)*

Ao introduzirmos o exercício contínuo da autoavaliação nos processos educativos dos estudantes, auxiliaremos em sua formação profissional, reconhecendo as aprendizagens que foram apropriadas com mais eficácia e as que requerem algum ajuste ou melhoria. E autoavaliação é um elemento que fortalece o espírito avaliativo, pois força o estudante a olhar para o que realizou e a forma como fez, aprimorando, quando for o caso, sua aprendizagem.

A autoavaliação é um elemento qualitativo no processo avaliativo, quando trabalhamos com projetos, desafios ou competências, pois estimulamos os estudantes a pensarem como profissionais e não realizarem atividades acadêmicas para serem entregues e avaliadas pelos docentes. A solução para um problema de projeto, a resolução de um desafio ou o desenvolvimento de uma competência requer a avaliação do estudante, para que tenha uma percepção sobre sua realização e participação no processo de aprendizagem.

É recomendável que tenhamos consciência, no nosso trabalho pedagógico, de que com a utilização da autoavaliação o estudante toma consciência de seus obstáculos e estabelece as metas necessárias para seu aperfeiçoamento, propondo maneiras de superá-las, sendo considerado um aspecto importante do processo de desenvolvimento cognitivo.

> *"A autoavaliação é o retrato, a percepção que o estudante tem de sua aprendizagem, possibilitando-lhe superar as dificuldades diagnosticadas."*

A autoavaliação pode ser utilizada para verificar a qualidade da escrita dos estudantes, se for dissertativa. Nesse caso, também é necessário que definamos os critérios e elementos que devem compor a autoavaliação dissertativa, para não se configurar subjetiva. Insistimos que qualquer processo avaliativo deve considerar a objetividade como prioridade.

Embora seja do conhecimento dos docentes, a autoavaliação não é tão usual no meio acadêmico, pois estamos acostumados a avaliar de maneira homogênea, pois processos assim organizados são mais fáceis de serem gerenciados. Contudo, a adesão à autoavaliação faz com que estejamos mais abertos a ouvir o que os estudantes pensam em relação à sua aprendizagem, servindo como diagnóstico para aperfeiçoar o nosso planejamento.

Uma outra modalidade de autoavaliação é solicitar aos estudantes que registrem elementos significativos de suas aprendizagens, o que ao fim do processo pode dar uma fotografia de seus desempenhos, permitindo que percebam o quanto melhoraram no decorrer da participação no componente curricular. É um registro avaliativo de percepção das dificuldades e facilidades que os estudantes enfrentam no cotidiano de seus estudos.

Para melhor entender o significado da autoavaliação, vamos dar um exemplo cotidiano de como procedemos em situações que requerem esse tipo de avaliação. Você já deve ter participado de uma atividade de grupo ou equipe em que precisava elencar cinco qualidades e cinco defeitos seus. Pois bem, os defeitos, facilmente, identificamos, pois parece ser da natureza humana destacar o negativo. Já as qualidades temos dificuldade de identificar, pois não estamos acostumados a olhar de maneira positiva sobre nossas ações.

Essa atividade dos defeitos e qualidades demonstra que a autoavaliação que fazemos de nós mesmos, em muitos casos, enaltece elementos negativos, que se comparados, são em menor número, mas que são apontados pela sociedade. Há um entendimento de que o erro é mais destacado do que os acertos. Dá-se mais importância às falhas do que aos aspectos positivos.

Isso começa desde o início da nossa vida escolar. Perguntamos: quantas questões você errou? Em vez de perguntar, quantas você acertou? E assim é na realidade:

- O pênalti foi batido e o jogador errou, mas não lembramos de quantas vezes acertou.
- O arroz queimou, mas esquecemos de quantas vezes foi preparado de maneira adequada.
- O estudante não fez a tarefa, mas quantas vezes entregou, com êxito, a tarefa... e assim por diante.

E na educação superior, será que a autoavaliação é utilizada para avaliar o processo de aprendizagem? Se é utilizada, segue as orientações do que se espera de uma modalidade avaliativa? Apresentarei um exemplo de autoavaliação do curso de História, cuja atividade proposta aos estudantes era comparar a democracia ateniense com a brasileira, considerando os critérios:

a. forma e idade de participação do cidadão;
b. reconhecimento da cidadania (quem é/era considerado cidadão);
c. forma de representatividade nas decisões políticas.

Ao fim da atividade, o docente solicitou aos estudantes uma autoavaliação do cenário democrático, comparando Atenas com o Brasil da última década, considerando como elementos norteadores os critérios analisados.

No caso, a autoavaliação permite compreender a apropriação, pelo estudante, dos conhecimentos requeridos para a comparação. Ao mesmo tempo, se a comparação trouxe elementos significativos para entender o contexto de ambas as realidades. Por fim, se o estudante soube dissertar, de maneira problematizada, a autoavaliação, destacando suas aprendizagens adquiridas.

No exemplo, percebemos que o estudante não se atribuiu uma nota pela atividade realizada, mas fez uma avaliação do seu envolvimento na sua realização, a partir de critérios preestabelecidos. A autoavaliação tem como pressuposto o exercício de análise e reflexão, por parte do estudante, do seu processo de aprendizagem. E o docente, elementos para avaliar se os propósitos de aprendizagem foram alcançados e qual é a percepção do estudante em relação à sua participação no processo educativo.

> *"A autoavaliação é uma excelente oportunidade para reconhecer o nível de propriedade do estudante em relação ao processo formativo profissional."*

A autoavaliação na educação superior é um excelente recurso avaliativo quando o docente quer avaliar a percepção do estudante em relação ao processo de aprendizagem.

Oportuniza também avaliar a capacidade de:

a. **escrita** – dissertando e problematizando as etapas de aprendizagem;

b. **análise** – quanto ao aprofundamento dos conhecimentos e sua aplicação no exercício profissional;

c. **propriedade** – se possui domínio teórico e prático do que aprendeu e, sobretudo, atribui significado à aprendizagem;

d. **criticidade** – em relação ao estágio em que se encontra no ato de aprender, indicando aspectos que requerem melhoria.

É bom lembrar que a autoavaliação é aplicável quando se trabalha com o desenvolvimento de competências, uma vez que transcende ao estudo dos conteúdos, pois considera-se um aprender para a vida. Ao mesmo tempo em que buscamos elementos qualitativos para o processo avaliativo, temos a participação do estudante, auxiliando-nos no diagnóstico e na compreensão de como avança na aprendizagem.

A eficácia da autoavaliação na educação superior reforça algumas características em seu uso, como:

- Considera a aprendizagem como um processo dinâmico – uma vez que, na educação tradicional, geralmente é estático.

- Processo avaliativo é contínuo – reforça a ideia de que a aprendizagem é realizada em etapas e a avaliação faz parte do processo educativo.

- Autoavaliação na perspectiva diagnóstica – sinaliza a etapa em que se encontra o estudante e as possibilidades de ajuda para superar os limites encontrados no ato de aprender.

- Tem um caráter inclusivo – pois ouve o estudante que pode agregar valor no processo de aprendizagem.

- É um processo de vai e vem – pois assim como o estudante participa e fornece subsídios para o processo de aprendizagem, o docente pode retribuir com orientações e medicações para aperfeiçoar o percurso.

As características indicam que a autoavaliação é utilizada como meio agregador ao processo avaliativo, com possibilidades para aperfeiçoamentos. E se a parceria entre estudante e docente for bem construída, então, os resultados serão eficazes, trazendo melhorias ao processo de aprendizagem.

Vários autores ressaltam as vantagens da autoavaliação, entre os quais destacamos Blanche e Merino (1989), que entendem que a prática é benéfica, pois:

- promove a aprendizagem;
- aumenta o nível de consciência dos aprendizes sobre suas habilidades;
- orienta o processo avaliativo para os objetivos de aprendizagem (e não para o fim de uma unidade);
- expande o escopo da avaliação, por incluir o ponto de vista do aprendiz;
- em contextos de ensino formal, pode aliviar a carga de trabalho do professor, ao permitir que a responsabilidade da avaliação seja compartilhada;
- aumenta a motivação;
- desenvolve a autonomia;
- traz efeitos benéficos que extrapolam a sala de aula.

Mesmo com consideráveis vantagens em sua utilização, a autoavaliação, na educação superior, ainda é pouco utilizada, em parte pelo desconhecimento dos docentes e na outra ponta, pelo despreparo dos estudantes. Para os docentes, recomenda-se formação continuada para que se apropriem da autoavaliação com um instrumento avaliativo. Enquanto para os estudantes, explique-se a utilidade da autoavaliação, sendo introduzida como elemento diagnóstico.

Entendemos que a introdução da autoavaliação na educação superior requer investimentos em formação docente. Preparar bem o docente, para que tenha clareza do instrumento, ajudará em sua implementação e agregará qualidade ao ato de avaliar. E o estudante será beneficiado, uma vez que terá participação no processo de aprendizagem e avaliação, qualificando o processo.

6.4 ENCAMINHAMENTOS FINAIS

> [...] aprender a avaliar o próprio desempenho, portanto, possibilita maior foco nos passos efetuados e naqueles que estão por vir, constituindo um dos pilares da autonomia.
>
> (Punhagui; Souza, 2012, p. 201)

Se a instituição tiver um ambiente de aprendizagem, podemos configurar a autoavaliação de modo digital, na qual os estudantes se autoavaliam e, simultaneamente, damos retorno se há coerência ou não nos registros realizados. Assim, os estudantes podem ajustar, melhorar e, sobretudo, transpor aspectos que, inicialmente, parecem ser dificultadores de sua aprendizagem. É importante que orientemos como os discentes podem avançar em sua jornada de estudos.

Reforçamos que a autoavaliação, na educação superior, traz benefícios ao processo avaliativo, quando olha com criticidade para as etapas de aprendizagem. Com ela, conheceremos melhor nossos estudantes e o nível de suas aprendizagens no processo de formação profissional.

Então, se você é um docente que quer transformar sua forma de avaliar, recomenda-se a utilização da autoavaliação, pois terá melhor percepção do estudante em relação à própria aprendizagem, bem como, ao mesmo tempo, uma autoavaliação em relação à sua prática docente.

REFERÊNCIAS

BERNARDES, C.; MIRANDA, F. B. **Portfólio:** uma escola de competências. Porto: Porto Editora, 2003.

BLANCHE, P.; MERINO, B. Self-assessment of Foreign-Language Skills: Implications for teachers and researchers. **Language Learning**, v. 39, n. 3, p. 75-93, 1989.

CRUZ, S. A. B.; SILVA, A. F. M. da. Autoavaliação dos graduandos de Pedagogia sobre seu desempenho acadêmico no decorrer do curso. **REAe – Revista de Estudos Aplicados em Educação**, v. 4, n. 8, jul./dez. 2019.

ESTEBAN, M. T. (org.). **Avaliação:** uma prática em busca de novos sentidos. Rio de Janeiro: Editora DP& A, 2001.

GIL, A. C. **Didática do Ensino Superior**. São Paulo: Atlas, 2007.

GREGO, Sonia Maria Duarte. **A avaliação formativa:** ressignificando concepções e processos. São Paulo, Unesp/Univesp, 2013. Disponível em: https://acervodigital.unesp.br/bitstream/123456789/65810/1/u1_d29_v3_t05.pdf. Acesso em: 10 jan. 2024.

PUNHAGUI, G. C.; DE SOUZA, N. A. A autoavaliação na aprendizagem de língua inglesa: subsídio para reconhecimento da própria aprendizagem e gestão do erro. **Roteiro**, v. 37, n. 2, p. 265-294, 2012.

REGNIER, Jean Claude. **Autoavaliação na prática pedagógica**. Universidade Lumieri Lion. França. **Revista Diálogo Educacional**, v. 3, n. 6, p. 53-68, maio/ago. 2002. Disponível em: http:www2.pucpr.br/reol/index.php/dialogo?dd1=688&dd99=pdf. Acesso em: 10 jan. 2024.

SILVA, K. A. da; BARTHOLOMEU, M. A. N.; CLAUS, M. M. K. Autoavaliação: uma alternativa contemporânea do processo avaliativo. **Revista Brasileira de Linguística aplicada**, Belo Horizonte, v. 7, n. 1, p. 89-115, 2007.

THURLER, M. G. **Inovar no interior da escola**. Porto Alegre: Artmed, 2001.

CAPÍTULO 7

AVALIAÇÃO POR COMPETÊNCIAS

> *Portanto, a competência consistirá na intervenção eficaz nos diferentes âmbitos da vida, mediante ações nas quais se mobilizam, ao mesmo tempo e de maneira interrelacionada, componentes atitudinais, procedimentais e conceituais.*
>
> *(Zabala; Arnau, 2010, p. 11)*

7.1 PALAVRAS INICIAIS

A temática referente à avaliação por competências, com presença cada vez mais relevante na educação superior, ainda constitui sério desafio para os docentes e estudantes, acostumados a avaliar e serem avaliados unicamente pelos conhecimentos adquiridos. A avaliação por competências envolve conhecimentos, habilidades e atitudes. Portanto, analisa-se o estudante em sua totalidade, aspectos pessoais e profissionais, essenciais para o mundo do trabalho.

Os movimentos de inovação ou renovação nos processos avaliativos apresentam uma variedade de proposições e cabe aos docentes selecionar e adequar os que mais são representativos para o desenvolvimento das competências nas atividades de aprendizagem. É importante esclarecer que organizar um currículo baseado em competências requer avaliação adequada para tal fim, pois do contrário incorreremos em equívocos, uma vez que entendemos que o ato de avaliar faz parte do processo de aprendizagem.

A utilização de competências no processo de aprendizagem e avaliativo traz vantagens quanto ao desenvolvimento de aspectos relacionados ao exercício da profissão, pois desde o início do curso superior o discente começa a pensar como profissional em formação. Se por um lado o estudante tem ganhos de aprendizagem, por outro os docentes precisam ter cada vez mais experiência em sua área profissional para atenderem às novas demandas formativas na educação superior.

Nas palavras de Zabala e Aranau (2010), a utilização de competências consiste na intervenção eficaz nos diferentes âmbitos da vida e são mais perceptíveis no nosso cotidiano, pois são aplicáveis aos diferentes contextos pelos quais somos expostos em nossa existência humana. E, é claro, referimo-nos aos aspectos pessoais e profissionais. Portanto, o desafio dos gestores, docentes e equipes pedagógicas das IES é implementar, gradativamente, a utilização das competências nos currículos e processos avaliativos.

7.2 CURRÍCULOS E AVALIAÇÃO POR COMPETÊNCIAS

> *Conhecimento é o saber, é o que aprendemos nas escolas, nas universidades, nos livros, no trabalho, na escola da vida. Sabemos de muitas coisas, mas não utilizamos tudo o que sabemos. A habilidade é o saber fazer, é tudo o que utilizamos dos nossos conhecimentos no dia-a-dia. Já a atitude é o que nos leva a exercitar nossa habilidade de um determinado conhecimento, pois é o querer fazer.*
>
> *(Leme, 2008, p. 17)*

A utilização de currículos e processos avaliativos por competências recebe, de certo ponto, críticas de uma parcela de docentes, uma vez que entendem que há ausência dos conteúdos, fragilizando sua implementação. Contudo, se considerarmos a definição de Leme (2008), percebemos que o entendimento de competências é uma combinação dos conhecimentos, das habilidades e atitudes.

Assim, para uma melhor apropriação e entendimento referente à avaliação por competências, podemos utilizar o agrupamento de classes proposto por Nacif e Camargo (2009), que defendem tal organização em quatro classes, pois as competências, habilidades e qualidades possuem ênfase no âmbito geral e profissional. Essa estrutura foi realizada pelos autores, por considerarem que as competências são essenciais e transversais em todo o processo formativo de aprendizagem dos estudantes, incluindo-se as vivências pessoais, não especificando carreiras ou profissões na divisão das classes.

Na visão de Nacif e Camargo (2009), as quatro classes de competência são:

> **Competências de educação permanente:** preparar pessoas para assumir a responsabilidade pela contínua formação, desenvolvimento pessoal e profissional para o convívio numa sociedade de aprendizagem ao longo de toda a vida.
>
> **Competências sociais e interpessoais:** preparar pessoas para o convívio social e interpessoal na vida em geral e nas organizações, orientada para os valores humanos, o trabalho em equipe, a comunicação, a solidariedade, o respeito mútuo, a criatividade.
>
> **Competências técnico-científicas:** preparar pessoas com capacidade para transformar o conhecimento científico em condutas profissionais e pessoais na sociedade, relativas aos problemas e necessidades dessa sociedade.
>
> **Valores humanísticos:** Preparar pessoas para a postura reflexiva e analítica dimensão social e ética que envolve os aspectos de diversidade étnico-racial e cultural, gêneros, classes sociais, escolhas sexuais, entre outros (Nacif; Camargo, 2009, p. 2).

Ter clareza quanto às categorias ou classes de competências, habilidades e atitudes auxilia a pensar os instrumentos avaliativos que podem ser utilizados no ato de avaliar. Ao mesmo tempo, contempla todos os elementos essenciais do processo de aprendizagem, como o saber, o saber fazer, o fazer e o ser.

> "*Avaliação por competências aproxima o estudante da educação superior ao universo da profissão, requerendo tomadas de decisão para além do âmbito acadêmico.*"

Scallon (2015, p. 40) fez um interessante estudo referente aos aspectos de renovação na avaliação e traz como reflexão:

> Notemos que os textos especializados sobre o assunto, a maior parte deles assinados por autores americanos, fazem eco a um questionamento dos testes padronizados. Os métodos de coleta de informações, de medida e de avaliação ditos 'alternativos' (*alternative assessment*) advém dessa tendência. Expressões como apreciação do desempenho (performance assessment) e apreciação autêntica (*authentic assessment*) também resultam disso, cada uma dessas expressões designando uma característica a ser ressaltada.

De fato, a questão do desempenho e da autenticidade são elementos de originalidade na avaliação baseada por competências, pois requer do estudante a aplicação dos conhecimentos em situações do exercício profissional. Ou seja, é preciso saber, saber fazer e fazer. A proposta rompe com uma ideia de avaliação assentada na reprodução e memorização de conhecimentos teóricos. Para Perrenoud (1999, p. 7), avaliar a partir:

> [...] da competência é uma capacidade de agir eficazmente num determinado tipo de situação, apoiada em conhecimentos, mas sem se limitar a eles, é preciso que alunos e professores se conscientizem das suas capacidades individuais que melhor podem servir o processo cíclico de Aprendizagem Ensino Aprendizagem.

Outra possibilidade de utilização das competências no processo avaliativo foi desenvolvida por Schneckenberg (2007, p. 83), que estabeleceu quatro grupos:

Conhecimentos - propõe soluções para problemas na área tema; apropria-se das temáticas de fundamento; aprofunda e tem domínio de saberes;

Estratégias metodológicas - desenvolve planejamento criativo de métodos em tarefas e soluções; aplica, eficientemente, métodos em tarefas e soluções; estrutura, eficazmente, os procedimentos cognitivos;

Aspectos sociais - se comunica com clareza, cooperação e interação eficiente dentro do grupo; tem comportamento adequado de acordo com as orientações coletivas;

Aspectos pessoais - faz autoavaliação crítica; desenvolve atitudes, orientadas para valores, motivos e autopercepção produtivas e positivas; revela talento pessoal, motivação e ambição; aprende e desenvolve atividades e trabalhos.

Cada um dos critérios tem sua relevância no processo avaliativo, pois verifica se os propósitos de aprendizagem foram alcançados.

7.3 AVALIAÇÃO POR COMPETÊNCIAS NA VIDA PESSOAL

> *O debate sobre competências reanima o eterno debate sobre cabeças bem-feitas ou cabeças bem cheias. Desenvolver competências é temática da sala de aula? Ou a sala de aula deve limitar-se à transmissão de conhecimentos apenas?*
>
> (Perrenoud, 1997, p.7)

É comum utilizar no cotidiano, para determinados profissionais, a expressão "é competente", para demonstrar a prestação de serviço qualificado. Mas o que é ser competente? Um profissional é competente se tiver o conhecimento, a habilidade e a atitude para prestar um serviço que atenda às expectativas do contratante. Vamos dar um exemplo prático: você contratou um eletricista para trocar o chuveiro de sua casa. O profissional comparece ao endereço, está com todos os equipamentos de proteção, realiza a troca do chuveiro, limpa o local, recebe o pagamento e vai embora.

Para a realização do serviço, o eletricista precisou fazer um curso técnico, tecnólogo ou de graduação na área elétrica. Além do mais, passou por aulas práticas, de treinamento, para desenvolver a habilidade, aplicando na prática a teoria. E, por fim, precisou ter atitude para fazer a troca do chuveiro, com tomada de decisão assertiva, a partir dos conhecimentos adquiridos. Ou seja, precisa ter competência para ser um eletricista que faça um trabalho qualificado.

Vamos analisar outro exemplo. Imagine que você foi ao supermercado para comprar ovos. Para concretizar a compra, precisou considerar alguns critérios norteadores para escolher a qualidade, o prazo de validade, a marca e a quantidade.

A primeira competência foi selecionar o produto, considerando os critérios. Utilize na seleção e escolha dos ovos: vermelhos ou brancos; caipiras, orgânicos ou produzidos em granjas; e, se quiser mais detalhamento, o tipo 1, 2, 3 ou extra. Como você não é um especialista em ovos, deixará os tipos de lado e se guiará pela cor e preço, além da quantidade. Sim, pois hoje você pode comprar embalagens com quatro ovos, meia dúzia, uma dúzia, bandejas com 20 ou 30 ovos.

Nesse caso específico, você precisa avaliar sua escolha pelas seguintes etapas:

- **1ª Etapa** – a competência de seleção, ou seja, o que de fato pretende comprar;
- **2ª Etapa** – a habilidade, que se manifesta em escolher o mais adequado para suas necessidades, conforme os critérios;
- **3ª Etapa** – a atitude, optar por um tipo específico, seguindo os critérios.

No mundo real, a avaliação por competências é fundamental, uma vez que está associada a um saber, saber fazer e fazer, prático e significativo, como o da compra dos ovos.

> **"Avaliar competências é um desafio para docentes da educação superior, pois não tivemos formação para tal finalidade na graduação."**

Para Perrenoud (1999, p. 7), a avaliação por competência vai além da verificação promovida por testes com lápis e papel que tem em sua essência, pois:

- Não inclui nada além de tarefas contextualizadas, referindo-se a problemas complexos e significativos;
- Contribui para que os educandos desenvolvam e/ou aperfeiçoem competências no curso de sua execução;
- Exige a utilização funcional dos múltiplos saberes veiculados pelo contexto escolar de forma a melhor mapear as competências edificadas e aquelas em formação;
- Não se limita a tempos fixados, mas volta-se para as condições e possibilidades de consecução da tarefa, para o momento do processo de aprendizagem vivenciado pelo educando, para os procedimentos por ele implementados e para os saberes por ele veiculados na resolução da situação;
- Propicia a interação entre os pares e a integração entre os múltiplos saberes; e, ainda;
- Evidencia as estratégias cognitivas e metacognitivas utilizadas pelos estudantes para o enfretamento das situações, delimitando pontos de superação e aspectos problemáticos ainda presentes.

A prática educativa baseada em competências e sua avaliação está acima dos objetivos de ensino e aprendizagem, pois relaciona-se ao saber fazer e fazer, ou, em outras palavras, as habilidades e as atitudes. Conforme Ramos (2001, p. 49-50),

[...] as habilidades, ou o saber-fazer, são os componentes da competência explicitáveis na ação. Figura polêmica das discussões sobre a teoria das competências, ela é um híbrido de recurso e resultado. Em outras palavras, quando as capacidades são colocadas a serviço da ação, competências são desenvolvidas e se tornam aprendizados interiorizados pelos sujeitos. Essas competências consolidadas como aprendizados profundos passam a fazer parte da estrutura de pensamento e de ação dos sujeitos, [...]. Ao mesmo tempo, essas habilidades são mobilizadas pelas capacidades junto com os saberes e o saber-se para se constituírem novas competências. Pelo fato de as habilidades serem a dimensão mais "explicitável" da competência, são elas que, normalmente, tornam-se indicadores de desempenho com vistas à avaliação do desenvolvimento da competência prevista.

Os docentes ou instituições que optarem pela avaliação por competências precisam investir em formação, pois a passagem de modelos avaliativos tradicionais para inovadores requer mudança nos procedimentos, aliados à utilização de novas metodologias para promoção da aprendizagem.

> *"Organizar a aprendizagem a partir da lógica do desenvolvimento das competências requer tempo para o planejamento docente."*

Além da formação continuada, em um primeiro momento, os docentes requerem apoio e tempo maior para o planejamento, uma vez que a lógica de pensar o processo educativo é diferente da forma como, geralmente, estão acostumados. Portanto, é comum ouvir que a mudança gera mais trabalho, quando, na verdade, um tempo maior é requerido nos primeiros meses da implementação do currículo por competências.

7.4 AVALIAÇÃO POR COMPETÊNCIAS NA EDUCAÇÃO SUPERIOR

> *Alguém pode conhecer métodos modernos de resolução de problemas e até mesmo ter desenvolvido habilidades relacionadas à sua aplicação, mas pode não perceber o momento e o local adequados para aplicá-los na sua atividade. [...] A competência, portanto, não se coloca no âmbito dos recursos (conhecimentos, habilidades), mas na mobilização destes recursos e, portanto, não pode ser separada das condições de aplicação.*
>
> *(Ruas, 1999, p. 4)*

A aplicação da avaliação por competências na educação superior tem práticas que crescem, anualmente, indicando que é possível melhorar o processo de aprendizagem dos futuros profissionais. Para auxiliar a ter uma compreensão melhor, apresento um exemplo de avaliação baseada em competências, utilizando o curso de graduação de Medicina Veterinária: a competência a ser desenvolvida é *"aplicar as boas práticas de fabricação em estabelecimentos comerciais voltadas à segurança alimentar."*. Vamos imaginar que o docente indicou o estudo prévio sobre a temática, realizou atividades de aprendizagem de aplicação em situações profissionais em sala de aula e organizou o processo avaliativo com a seguinte questão dissertativa:

As Boas Práticas de Fabricação são medidas fundamentais voltadas à segurança alimentar e pré-requisito para a implantação de vários sistemas de qualidade durante a manipulação e fabricação de alimentos. O papel do responsável técnico é fundamental para o fornecimento de alimentos aptos ao consumo humano. Você, médico veterinário, capacitado na área de responsabilidade técnica, foi contratado por um estabelecimento que pretende comercializar produtos de origem animal, dentro da classificação (A.S) Autosserviço. A partir desse desafio, apresente os procedimentos necessários para adequar o estabelecimento no serviço de inspeção municipal (Sima/POA). (A questão contou com a colaboração do Prof. Marcos Antônio Galvani Junior, do Curso de Medicina Veterinária do Centro Universitário União das Américas – UniAmérica, 2022).

No exemplo avaliativo, o estudante requer domínio das **competências** do conhecimento (saber, no caso, a legislação pertinente e necessária para as boas práticas); das **habilidades** (saber-fazer, se o estudante consegue aplicar, em situação real, no caso específico, no supermercado, as boas práticas e como procederá para alcançar o melhor desempenho) e **atitudes** (fazer, se é capaz de aplicar os procedimentos necessários para adequar o estabelecimento conforme o serviço de inspeção municipal). Ao docente cabe avaliar, com a solução apresentada ao desafio avaliativo, se o estudante desenvolveu a competência.

Para que o estudante consiga apresentar os procedimentos necessários para adequar o estabelecimento no serviço de inspeção municipal, precisa ter se apropriado dos conhecimentos, saber aplicá-los e, por fim, aplicá-los no contexto do exercício profissional.

Para que entendamos a diferença entre avaliar um objetivo de aprendizagem e o desenvolvimento da competência, precisamos considerar o grau de envolvimento dos estudantes na realização da atividade ou resolução do problema. Os objetivos de aprendizagem, normalmente, estão associados à compreensão de conhecimentos, mediante o uso de práticas de aplicação do conhecimento. Já o desenvolvimento de competências requer a aplicação dos conhecimentos em situações reais.

> *"A avaliação baseada em competência é um processo significativo, pois amplia o olhar sobre a apropriação da aprendizagem."*

Como se pode observar, é possível, na educação superior, a implementação de processos avaliativos baseados em competências. Para evidenciar um pouco mais, apresentaremos outro exemplo, dessa vez do curso de Educação Física, com um percurso um pouco diferente, mas que tem como essência o desenvolvimento das competências.

Competência: ser capaz de planejar e executar sessões de treinamento para modalidades esportivas coletivas.

Conteúdos: regras das diversas modalidades esportivas, metodologias de treinamento esportivo, iniciação esportiva, esporte de alto rendimento; fundamentos técnicos e táticos de modalidades esportivas coletivas; capacidades físicas de modalidades esportivas e coletivas.

Papel do estudante: o estudante poderia pesquisar na comunidade a modalidade esportiva coletiva que tem mais interesse para desenvolver a sessão de treinamento.

O docente trabalhou modalidade esportiva coletiva, o estudante estudou e pesquisou, além de assistir vários vídeos sobre modalidades esportivas coletivas. Além disso, o estudante fez uma atividade de aprendizagem na qual escolheu um esporte coletivo e realizou sessão de treinamento, e, na sequência, com os colegas, colocou em prática, aplicando as regras.

Para avaliar se a competência de planejar e executar sessões de treinamento para modalidades esportivas coletivas foi adquirida, o docente verifica:

a. A sessão de treinamento para os colegas foi clara e coerente com modalidade esportiva coletiva escolhida?

b. Os colegas conseguiram executar a modalidade esportiva coletiva, aplicando as regras específicas?

c. A forma como a modalidade esportiva coletiva foi desenvolvida demonstra capacidade de planejamento e execução de sessões de treinamento?

As questões permitirão ao docente avaliar se a competência planejar e executar sessões de treinamento para modalidades esportivas coletivas foi ou não alcançada. Ao mesmo tempo, oportunizará realizar ajustes, caso seja necessário, bem como orientações de como proceder para aperfeiçoar o que foi realizado.

A utilização da avaliação baseada por competências requer rever a forma como entendemos o ato de avaliar, assim como a amplitude que alcança no processo de aprendizagem. A mudança avaliativa acompanha o movimento de transformação da educação superior, que passa da condição do ensino para a aprendizagem. Ao mesmo tempo em que o estudante assume o protagonismo e o docente a mediação do processo de aprendizagem, o desenvolvimento de competências profissionais e pessoais traz significado ao ato de aprender.

Romper com a lógica de ensinar os conteúdos para uma em que se desenvolve competências ainda é complexa, pois a prática de ensinar está enraizada na essência da docência.

7.5 ENCAMINHAMENTOS FINAIS

> *[...] avaliação por competências' sejam coerentemente planejadas em conjunto. Neste caso, a avaliação cumpre com suas três funções básicas: diagnóstica, formativa e acreditativa.*
>
> *(Hernández, 1998)*

É cada vez mais visível encontrarmos na organização educacional das instituições superiores a implementação de currículos que estimulem a aprendizagem baseada em competências. Se analisarmos as recentes Diretrizes Curriculares dos Cursos (DCNs) de graduação publicadas e a Base Nacional Comum Curricular (BNCC) da educação básica, observaremos que há uma tendência para a modalidade educacional, fortalecendo as competências. Isso significa que a terceira década do século XXI será influenciada pela organização curricular baseada em competências e, por conseguinte, o processo avaliativo será revisto para atender à nova demanda do desenvolvimento da aprendizagem.

Por fim, é importante incluirmos no processo avaliativo a verificação das competências profissionais e pessoais, pois são elas que farão a diferença no mundo do trabalho.

Os conteúdos passam, mas as competências são para a vida. E garantir que serão desenvolvidas ao longo do curso universitário é, sem dúvida, significativa contribuição que instituição e docentes poderão fornecer para os estudantes em seu percurso formativo.

REFERÊNCIAS

HERNÁNDEZ, F. **Transgressão e mudança na educação:** os projetos de trabalho. Porto Alegre: Artes Médicas, 1998.

LEME, R. **Aplicação prática de gestão de pessoas por competências:** mapeamento, treinamento, seleção, avaliação e mensuração de resultados de treinamento. 2. ed. São Paulo: Qualitymark, 2008.

NACIF, P. G. S.; CAMARGO, M. S. **Desenvolvimento de competências múltiplas e a formação geral na base da Educação Superior universitária.** *In:* Fórum Nacional de Educação Superior, 2009, Brasília/DF. Contribuições para o Fórum Nacional de Educação Superior. Disponível em: http://portal.mec.gov.br/forum-nacional-de-educacao-superior/contribuicoes. Acesso em: 20 jan. 2024.

PERRENOUD, P. Formar professores em contextos sociais e mudanças: prática reflexiva e participação crítica. **Revista Brasileira de Educação**, n. 2, p. 521, set/dez. 1999.

PERRENOUD, P. **Construir as competências desde a escola.** Porto Alegre: Artes Médicas, 1997.

RAMOS, M. **Da qualificação à competência:** deslocamento conceitual na relação trabalho e educação. Tese (Doutorado em Educação) – Faculdade de Educação da Universidade Federal Fluminense, Niterói, 2001.

RUAS, R. **A problemática do desenvolvimento de competências e a contribuição da aprendizagem organizacional.** Seminário Internacional Competitividade Baseada no Conhecimento. São Paulo, ago.1999.

SCALLON, G. **Avaliação da aprendizagem numa abordagem por competências.** Tradução de Juliana Vermelho Martins. Curitiba: PUCPRess, 2015.

SCHNECKENBERG, D. **eCompetence Development Measures for Faculty in Higher Education:** A Comparative International Investigation. Tese (Doutorado em Educação) – Fachbereich Bildungswissenschaften der Universität Duisburg-Essen. Standort Essen, 2007.

ZABALA, A.; ARNAU, L. **Como aprender e ensinar competências.** Porto Alegre: Artmed, 2010.

CAPÍTULO 8

AVALIAÇÃO DE ATIVIDADES DE APRENDIZAGEM EM EQUIPES

> *[...] métodos educativos ativos que consistem em elementos de falar, ouvir, escrever, ler e refletir recrutam uma variedade de funções cerebrais e capacitam os estudantes a criar estruturas mentais mais significativas, transferíveis e duráveis.*
> *(Savegnago, 2015, p. 16)*

8.1 PALAVRAS INICIAIS

A avaliação na educação superior é um campo que pode ser melhor explorado pelos pesquisadores, pois ainda é preciso descortinar o ato de avaliar. Os avanços podem ser, especialmente, na , uma vez que constituem aquelas que mais geram conflitos, ora por parte dos estudantes que entendem que a nota deve ser igual para todos os membros, ora por parte dos docentes que não estabelecem critérios claros, dificultando a transparência do processo.

No entanto, a avaliação de atividades de aprendizagem em equipes, se bem organizada e conduzida, pode trazer qualidade ao ato de avaliar, pois incorpora elementos que não são perceptíveis em instrumentos objetivos. Quando se trabalha com competências, a utilização da avaliação de aprendizagem em equipes é um elemento agregador, pois permite verificar parte das atividades realizadas coletivamente, enquanto há etapas e fases que são elaboradas individualmente.

A avaliação em equipes, times ou pares, mesmo utilizada com frequência em outros países, no Brasil e, especialmente na educação superior, sua adoção ainda é restrita, muito em função da prevalência do formato do ensino baseado na transmissão dos conteúdos. Esclarecemos que a avaliação em pares é utilizada para o mesmo segmento, por exemplo, os docentes avaliam docentes, enquanto os estudantes avaliam estudantes, em função das especificidades de cada grupo.

A avaliação de atividades realizadas coletivamente tem particularidades que requerem muita observação, registro e acompanhamento por parte dos docentes, além de critérios claros e transparentes. Assim, os estudantes perceberão que não é possível ter um bom desempenho na atividade sendo "caroneiro" ou "mochileiro". Mas para evitar divergências no pós-avaliação, é recomendável entregar, por escrito, aos estudantes os procedimentos e critérios da atividade.

8.2 AVALIAÇÃO DE ATIVIDADES COLETIVAS

> [...] são grupos de pessoas que compartilham uma preocupação ou paixão por algo que fazem e aprendem como fazê-lo melhor na medida em que interagem regularmente
>
> (Wenger; Snyder, 2000)

Para que possamos pensar na avaliação de atividades em equipes, requer-se, inicialmente, compreender o significado do *Team Based Learning* (TBL) ou Aprendizagem Baseada em Equipes (ABE), que é uma metodologia de aprendizagem ativa, que envolve atividades colaborativas, nas quais os estudantes são estimulados em relação à promoção da autonomia e do protagonismo. Para Michaelsen, Knight e Fink (2004, p. 7)

> [...] o *Team-Based* Learning, foi criado pelo professor de gestão e negócios Larry Michaelsen, no final

dos anos 70, na universidade de Oklahoma (EUA). O método tem como foco melhorar a aprendizagem e desenvolver habilidades de trabalho colaborativo, através de uma estrutura que envolve: o gerenciamento de equipes de aprendizagem, tarefas de preparação e aplicação de conceitos, feedback constante e avaliação entre os colegas. A ideia central é que os alunos se sintam responsáveis pela própria aprendizagem e pela dos colegas.

Enquanto a aprendizagem baseada em equipes tem um viés mais voltado à área da gestão, a baseada em times é mais frequentemente utilizada na área da saúde. Se há atividades de aprendizagem que são realizadas em equipes, como procedemos com a avaliação? Quais etapas são avaliadas coletivamente e quais são individualmente?

> *"A organização curricular da educação superior brasileira raramente contemplou atividades de aprendizagem em equipes."*

Estas são dúvidas frequentes dos docentes, pois há uma compreensão equivocada em relação à avaliação de atividades de aprendizagem realizadas em equipes, uma vez que os estudantes têm o entendimento de que o processo deve contemplar, de modo igual, todos os envolvidos, enquanto, em casos específicos, faz-se necessário avaliar etapas de maneira coletiva e outras, individualmente. Os princípios norteadores das atividades de aprendizagem em equipes estão representados no quadro e trazem elementos que indicam as possibilidades de organização do processo avaliativo.

Quadro 1 – Princípios da TBL

Princípios	Descrição
Os grupos devem ser adequadamente formados e gerenciados.	A formação dos grupos deve ser feita preferencialmente pelo instrutor, este seguindo a premissa de heterogeneidade dos membros. Cada equipe deve ser composta de cinco a sete membros, que não poderão mudar de equipe até o fim do curso.
Os alunos devem ser responsáveis pela qualidade do seu trabalho individual e de grupo.	A falta de preparação prévia coloca limites na aprendizagem individual e no desenvolvimento da equipe. As contribuições para a equipe incluem a preparação individual, assiduidade e participações em reuniões da equipe que podem ocorrer fora da classe.
As atribuições da equipe devem promover tanto o aprendizado quanto o desenvolvimento da equipe.	As tarefas que podem ser distribuídas entre membros da equipe devem ser evitadas, pois o aspecto fundamental da concepção de atribuições de equipe eficaz é garantir a interação do grupo.
Os alunos devem receber feedback frequente e oportuno.	O feedback imediato é o principal motor de instrução na TBL, impactando diretamente no desenvolvimento da equipe. O impacto positivo da TBL sobre a aprendizagem é maior quando é imediato, dando aos alunos a distinção entre as estratégias eficazes e as não eficazes.

Fonte: Michaelsen, 2002

Entende-se que o trabalho colaborativo auxilia a melhorar a aprendizagem e desenvolver habilidades, por meio de uma estrutura que envolve: a) o gerenciamento de equipes de aprendizagem; b) tarefas de preparação e aplicação de conceitos; c) feedback constante; d) avaliação entre os colegas.

A ideia central é que os estudantes se sintam responsáveis pela própria aprendizagem e pela dos colegas, comprometendo-se, mutuamente, com as etapas do ato de aprender. É um processo que requer adaptação, tanto por parte dos estudantes quanto dos docentes, pois é uma avaliação qualitativa.

A essência da avaliação de atividades de aprendizagem em equipes está em avaliar os elementos colaborativos contemplados pelo grupo e de que forma contribuíram para o processo educativo. Por isso, é importante que o docente estabeleça critérios avaliativos que dão conta de verificar os aspectos coletivos e individuais, oportunizando aos estudantes pleno domínio da ação.

> *"As atividades de aprendizagem em equipes são muito mais de 'euquipe', ou seja, dividem-se as tarefas e cada estudante se encarrega de uma parte."*

E como podemos organizar o ato de avaliar das atividades de aprendizagem em grupos, nos componentes curriculares que ministramos na educação superior? Uma das possibilidades é organizar, de maneira objetiva, os elementos constituintes do processo avaliativo, indicando, com clareza, o que e como será avaliado. Na sequência, é criar uma ficha, uma rubrica ou tabela para que possamos ter mais domínio e possamos envolver mais alternativas avaliativas. Vejamos a sugestão:

Quadro 2 – Avaliação de atividades de aprendizagem em equipes

RUBRICA AVALIATIVO DO PROJETO MENSAL

Etapas	Critérios	Realizado com Excelência – 90 a 100%	Requer ajustes Parciais – 89 a 70%	Requer ajustes Profundas – 69 a 50%	Reprovado – abaixo de 49%	Procedimentos para atender os ajustes	Nova avaliação
1ª	Identifica com clareza a entrega da etapa, produto ou artefato.	Escreveu (demonstrou) a finalidade do projeto de forma clara e objetiva, que ao fazer a leitura compreende-se o que será realizado na etapa.	Apropriou-se, com clareza, dos conhecimentos em relação a finalidade do projeto.	Apropriou-se sem clareza aos conhecimentos em relação a finalidade do projeto.	Não se apropriou dos conhecimentos em relação a finalidade do projeto.	Rever os conhecimentos em relação a finalidade do projeto, aprofundando-os de forma mais clara.	
	Estrutura a etapa do projeto com articulação ao contexto profissional.	Estruturou a etapa do projeto, articulando-a ao contexto profissional, deixando claro o que foi executado cada dia.	Elaborou um diagnóstico da temática do projeto, mas sem articulação ao contexto profissional.	Elaborou um diagnóstico da temática do projeto, faltando clareza e articulação ao contexto profissional.	Não elaborou um diagnóstico da temática do projeto e com ausência de articulação ao contexto profissional.	Articular o diagnóstico ao contexto profissional. Redigir com maior clareza o diagnóstico, identificando sua relação com o contexto profissional. Associar o diagnóstico com a aplicação dos conhecimentos da temática do projeto.	
	Reconhece a Cumpre os prazos da etapa.	Cumpriu os prazos da etapa, produto ou artefato.	Elaborou o problema a ser resolvido, aplicando os conhecimentos, mas sem vinculação ao exercício profissional.	Elaborou o problema a ser resolvido, faltando clareza, não aplicado aos conhecimentos e desvinculado ao exercício profissional	Não elaborou o problema a ser resolvido, e com ausência de conhecimentos e desvinculado ao exercício profissional	Articular o problema com o exercício profissional. Redigir o problema de forma mais clara e coerente com o exercício profissional. Associar o problema com a aplicação dos conhecimentos da temática do projeto.	

Etapas	Critérios	Realizado com Excelência – 90 a 100%	Requer ajustes Parciais – 89 a 70%	Requer ajustes Profundas – 69 a 50%	Reprovado – abaixo de 49%	Procedimentos para atender os ajustes	Nova avaliação
2ª	Elabora uma proposição de solução para o problema, articulando os conhecimentos e aplicado ao contexto profissional.	Elaborou uma proposição de solução para o problema do projeto, articulado com os conhecimentos e aplicado ao contexto profissional.	Elaborou uma proposição de solução para o problema do projeto, articulado com os conhecimentos e aplicado ao contexto profissional.	Elaborou uma proposição de solução sem clareza para o problema do projeto, não articulado com os conhecimentos e desconectado ao contexto profissional.	Não elaborou uma proposição de solução para o problema do projeto, sem relação com os conhecimentos e desconectado ao contexto profissional.	Rever a proposição de solução para o problema, aproximando-a ao contexto profissional. Articular a proposição de solução com os conhecimentos da temática do projeto.	
	Organiza, com clareza, as etapas da solução do problema.	Organizou, com clareza e de forma sequencial as etapas que compõem a solução do problema.	Organizou, com clareza, mas não de forma sequencial as etapas que compõem a solução do problema.	Organizou, de forma não sequencial as etapas que compõem a solução do problema.	Não organizou, de forma sequencial as etapas que compõem a solução do problema.	Redigir com maior clareza as etapas da solução do problema. Identificar com maior objetividade as etapas da solução do problema.	
	Executa a etapa do projeto com propriedade, aplicando os conhecimentos e coerente com o problema.	Executou a etapa do projeto com propriedade, aplicando os conhecimentos e coerente com o problema.	Executou a etapa do projeto com propriedade, aplicando os conhecimentos, mas não coerente com o problema.	Executou a etapa do projeto com propriedade, mas não aplicou os conhecimentos e nem possui coerência com o problema.	Não executou a etapa do projeto com propriedade, não aplicou os conhecimentos e nem possui coerência com o problema.	Reescrever a etapa do projeto, com propriedade, articulando com os conhecimentos. Rever a conexão da etapa do projeto e sua coerência com o problema.	

Etapas	Critérios	Realizado com Excelência – 90 a 100%	Requer ajustes Parciais – 89 a 70%	Requer ajustes Profundas – 69 a 50%	Reprovado – abaixo de 49%	Procedimentos para atender os ajustes	Nova avaliação
3ª	Executa a etapa do projeto com propriedade, aplicando os conhecimentos e coerente com o problema.	Executou a etapa do projeto com propriedade, aplicando os conhecimentos e coerente com o problema.	Executou a etapa do projeto com propriedade, aplicando os conhecimentos, mas não coerente com o problema.	Executou a etapa do projeto com propriedade, mas não aplicou os conhecimentos e nem possui coerência com o problema.	Não executou a etapa do projeto com propriedade, não aplicou os conhecimentos e nem possui coerência com o problema.	Reescrever a etapa do projeto, com propriedade, articulando com os conhecimentos. Rever a conexão da etapa do projeto e sua coerência com o problema.	
	Atua, de forma colaborativa, valorizando os talentos individuais e o espírito de equipe.	Atuou, de forma colaborativa, valorizando os talentos individuais e o espírito de equipe.	Atuou, de forma colaborativa, valorizando os talentos individuais e não o espírito de equipe.	Atuou, de forma colaborativa, mas não valorizou os talentos individuais e nem o espírito de equipe.	Não atuou, de forma colaborativa, nem valorizou os talentos individuais, bem como o espírito de equipe.	Rever a atuação do grupo, valorizando as especificidades individuais. Alinhar a sintonia do grupo com as atividades do projeto.	
	Concretiza a etapa da solução em elaboração e contempla elementos do exercício profissional.	Concretizou a etapa de solução em elaboração, contemplando elementos do exercício profissional.	Concretizou a etapa da solução em elaboração, mas não contemplou elementos do exercício profissional.	Concretizou, de forma superficial, a etapa da solução em elaboração, mas não contemplou elementos do exercício profissional.	Não concretizou a etapa da solução em elaboração, nem contemplou elementos do exercício profissional.	Reescrever a etapa da solução do projeto, demonstrando domínio e propriedade. Articular a etapa do projeto com elementos do exercício profissional.	

Etapas	Critérios	Realizado com Excelência – 90 a 100%	Requer ajustes Parciais – 89 a 70%	Requer ajustes Profundas – 69 a 50%	Reprovado – abaixo de 49%	Procedimentos para atender os ajustes	Nova avaliação
4ª	Executa a etapa do projeto com propriedade, aplicando os conhecimentos e coerente com o problema.	Executou a etapa do projeto com propriedade, aplicando os conhecimentos e coerente com o problema.	Executou a etapa do projeto com propriedade, aplicando os conhecimentos, mas não coerente com o problema.	Executou a etapa do projeto com propriedade, mas não aplicou os conhecimentos e nem possui coerência com o problema.	Não executou a etapa do projeto com propriedade, não aplicou os conhecimentos e nem possui coerência com o problema.	Reescrever a etapa do projeto, com propriedade, articulando com os conhecimentos. Rever a conexão da etapa do projeto e sua coerência com o problema.	
	Concretiza a etapa da solução do projeto, aplicando os conhecimentos e articulada ao exercício profissional.	Concretizou a etapa da solução do projeto, aplicando os conhecimentos e articulando-a ao exercício profissional.	Concretizou a etapa da solução do projeto, aplicando os conhecimentos, mas não a articulou ao exercício profissional.	Concretizou a etapa da solução do projeto, mas não aplicou os conhecimentos e nem articulou ao exercício profissional.	Não concretizou a etapa da solução do projeto, nem aplicou os conhecimentos, bem como articulou ao exercício profissional.	Reescrever a etapa da solução do projeto com aplicação dos conhecimentos da temática. Articular a solução da etapa do projeto com o exercício profissional.	
	Aplica as normas de apresentação da solução do projeto, seguindo as orientações do curso e/ou instituição.	Aplicou as normas de apresentação da solução do projeto, seguindo as orientações do curso e/ou instituição.	Aplicou as normas de apresentação da solução do projeto, mas não seguiu as orientações do curso e/ou instituição.	Aplicou as normas de apresentação da solução do projeto, mas não seguiu as orientações do curso e/ou instituição.	Não aplicou as normas de apresentação da solução do projeto, e nem seguiu as orientações do curso e/ou instituição.	Rever as normas de apresentação da solução do projeto. Revisar as orientações de redação da solução do projeto conforme as orientações do curso e/ou orientação.	

Etapas	Critérios	Realizado com Excelência – 90 a 100%	Requer ajustes Parciais – 89 a 70%	Requer ajustes Profundas – 69 a 50%	Reprovado – abaixo de 49%	Procedimentos para atender os ajustes	Nova avaliação
5ª	Posta e cumpre o prazo da entrega da solução do projeto, conforme as normas e orientações do curso e/ou instituição.	Postou e cumpriu o prazo da entrega da solução do projeto, conforme as normas e orientações do curso e/ou instituição.	Postou e cumpriu o prazo da entrega da solução do projeto, mas não seguiu as normas e orientações do curso e/ou instituição.	Postou fora do prazo de entrega da solução do projeto, mas não seguiu as normas e orientações do curso e/ou instituição.	Não postou a solução do projeto, nem seguiu as normas e orientações do curso e/ou instituição.	Reorganizar a apresentação da solução do projeto, conforme as normas e orientações do curso e/ou orientação.	
	Comparece ao encontro do feedback de finalização do projeto.	Compareceu ao encontro do feedback de finalização do projeto.	Compareceu ao encontro do feedback de finalização do projeto.	Compareceu ao encontro do feedback de finalização do projeto.	Não compareceu ao encontro do feedback de finalização do projeto.	Informar a data da Nova Oportunidade de Exercício de Compreensão e a necessidade de atingir a média mínima.	
	Realiza o Exercício de Compreensão que avalia a compreensão dos conhecimentos da temática do projeto.	Realizou o Exercício de Compreensão que avaliou a compreensão dos conhecimentos da temática do projeto e teve um excelente desempenho.	Realizou o Exercício de Compreensão que avaliou a compreensão dos conhecimentos da temática do projeto e teve um desempenho satisfatório.	Realizou o Exercício de Compreensão que avaliou a compreensão dos conhecimentos da temática do projeto e teve um desempenho insatisfatório.	Não realizou o Exercício de Compreensão que avaliou a compreensão dos conhecimentos da temática do projeto e teve um desempenho insatisfatório.	Agendar e orientar o envio da nova versão da solução do projeto, a partir das orientações.	

Fonte: Debald, 2022

É importante destacar que o docente deverá, no decorrer das etapas, dar feedback do que está sendo produzido, proporcionando aos estudantes realizarem os ajustes e as adequações durante o processo, não esperando sua conclusão. Nesse sentido, a expertise de observação qualitativa do que é construído é importante para o ato de avaliar. Para Riess (2010, p. 9)

> [...] na educação, quando se pensa em trabalho em grupo, destaca-se que ele favorece a interação entre os alunos, incrementando a qualidade das aprendizagens e a aquisição de novos conhecimentos. Além disso, desenvolve as habilidades sociais, possibilitando o diálogo entre os integrantes do grupo, facilitando a comunicação e a inclusão dos mesmos no grupo. É oportuno dizer que os alunos compreendem o que significa ajuda mútua em suas aprendizagens durante o trabalho em grupo, favorecendo a cooperação face às intenções do grupo.

Ao propormos atividades de aprendizagem em grupos, precisamos ter em mente que requerem mais tempo de planejamento (preparação prévia), pois como há mais interação entre os estudantes, é importante fazer um roteiro mais detalhado das etapas. Anastasiou e Alves (2003, p. 75-75) chamam a atenção em relação às atividades de aprendizagem em equipes, afirmando que

> [...] trabalhar num grupo é diferente de fazer parte de um conjunto de pessoas, sendo fundamental a interação, o compartilhar, o respeito à singularidade, a habilidade de lidar com o outro em sua totalidade, incluindo suas emoções. Isso exige autonomia e maturidade, algo a ser construído paulatinamente com os alunos universitários, uma vez que não vêm com estes atributos do ensino médio.

As atividades de aprendizagem coletivas são desafiadoras para os estudantes, acostumados com processos mais individualizados durante sua formação na educação básica. Dessa forma, ao propor atividades em grupos na educação superior, requer-se muita paciência com os estudantes e docentes, pois em um primeiro momento, a aceitação nem sempre é positiva.

> *"Para os docentes, o planejamento de atividades em equipes tem um elemento de complexidade a mais, que é o processo avaliativo."*

É importante considerar que ao avaliarmos atividades de aprendizagem, o recomendável é ter uma maior variedade de instrumentos, pois nem todos os estudantes têm as mesmas aptidões. O mesmo ocorre em relação à percepção da aprendizagem, na qual os colegas avaliam a atividade de outro colega, a partir de critérios predefinidos, evitando-se a avaliação personalizada, na qual se avalia a pessoa e não o objeto resultante do processo educativo.

8.3 AVALIAÇÃO DE ATIVIDADES COLETIVAS NA EDUCAÇÃO SUPERIOR

> *Se fazermos da avaliação um exercício contínuo, não há razão para o fracasso, pois sempre chegamos a tempo para agir e intervir inteligentemente no momento oportuno, quando o sujeito necessita de nossa orientação e de nossa ajuda para evitar que qualquer falha detectada seja definitiva.*
> (Méndez, 2002, p. 17)

As primeiras décadas do século XXI trouxeram novas possibilidades para os currículos dos cursos superiores com a introdução de um componente de estudos que estimulou a organização de atividades colaborativas, que foi a metodologia de projetos, conhecida em muitas IES como Projeto Integrador de Extensão, no qual os estudantes resolvem um problema real da comunidade, propondo soluções viáveis e de baixo custo para sua implementação.

As demandas, oriundas da comunidade ou trazidas pelos estudantes, são consideradas válidas quando atenderem a alguns critérios, como:

- Ter relação direta com a formação profissional ou cidadã dos estudantes.
- Ter relação com os objetivos do Plano de Desenvolvimento Institucional e Plano Pedagógico dos Cursos.
- Ser coerente com o nível de aprendizagem dos estudantes.
- Ser atendível no período de um semestre.
- Não ser uma demanda já realizada pelo docente ou grupo de estudantes anteriormente.
- Apresentar benefícios para os estudantes, os docentes, a instituição de ensino e o setor da sociedade atendido.

A metodologia de projetos propicia o trabalho em equipes, formadas por um número de estudantes (não superior a cinco), no qual o processo de avaliação é composto por momentos individuais e outros coletivos. Em todas as etapas, são requeridos dos estudantes o desenvolvimento da análise, comunicação, proposição, argumentação, escrita e assim por diante.

Para melhor compreensão, exemplificaremos como se pode avaliar o trabalho coletivo em um projeto, atividade ou desafio de aprendizagem em um curso superior.

Curso: Engenharia de Produção.

Desafio: Criação de um sistema de medição *"on time"* de rações em silos na avicultura.

Demanda: Foi apresentada por uma grande indústria de produção de frangos, que tinha um problema de abastecimento dos silos dos produtores. O caminhão saia e chegava nas propriedades em que ainda tinha ração e em outros faltava. Às vezes o caminhão voltava com parte da carga e em alguns lugares estava faltando alimento para os frangos.

Para a criação do sistema, os estudantes de Engenharia de Produção solicitaram ajuda para os de Engenharia Elétrica, Mecânica e de Software. Juntos, elaboraram uma proposta de programa que controla a quantidade de ração que há em cada um dos silos, organizando a logística do caminhão de distribuição da ração. Com o dispositivo, é possível controlar a quantidade de ração em cada propriedade e planejar o reabastecimento.

E como o docente poderá avaliar a solução proposta pelos estudantes?

Inicialmente, precisa definir os critérios a serem considerados para a avaliação da atividade, tanto coletiva quanto individualmente. Coletivamente, a solução apresentada:

- é economicamente viável e de fácil implementação;
- é de operacionalização simples e permite o controle dos estoques nos silos;
- otimiza o tempo da distribuição da ração e reduz custos de logística.

Os critérios, para avaliar a coletividade da equipe, são claros e objetivos, permitido analisar a solução e se os critérios foram contemplados. No caso específico, todos os critérios foram atendidos.

E a parte da individualidade, como o docente poderá avaliar?

Novamente precisamos de critérios:

- O estudante é capaz de explicar as etapas da solução apresentada.
- Consegue explicar as escolhas de percurso, fundamentando-as.
- Domina os conceitos técnicos requeridos na atividade.

Considerando os critérios, podemos verificar se o estudante participou, envolveu-se e foi ativo na elaboração da solução, pois, do contrário, não saberá defender o resultado apresentado pelo grupo.

> "A expertise de organizar atividades coletivas e, consequentemente, sua avaliação, é o desafio do docente do tempo presente."

Para que a avaliação de atividades, projetos, desafios integrantes do processo de aprendizagem ocorra adequadamente, alguns princípios norteadores precisam ser observados:

- Os grupos devem ser adequadamente formados e gerenciados.
- Os estudantes devem ser responsáveis pela qualidade do seu trabalho individual e de grupo.
- As atribuições da equipe devem promover tanto o aprendizado quanto o desenvolvimento da equipe.
- Os estudantes devem receber feedback *f*requente e oportuno.

Ao considerarmos os quatro elementos na organização, no desenvolvimento e na avaliação dos grupos, teremos mais êxito no momento de verificar se as etapas foram concluídas a contento. As atividades realizadas, coletivamente, agregam riqueza ao processo de aprendizagem, mas precisam de acompanhamento, feedback e análise do realizado, e aí entra a capacidade de o docente avaliar de maneira diferente do tradicional. O docente, como mediador, tem papel importante, uma vez que possui a experiência profissional para orientar e direcionar, quando for o caso.

A mesma medida se aplica quando o estudante é convidado a participar do processo avaliativo, posicionando-se em relação à condução da aula pelo docente. Normalmente, a avaliação é da pessoa docente e não do trabalho pedagógico. Isso é decorrente da dificuldade que temos de avaliar processos, procedimentos e atividades de aprendizagem, bem como a ausência de critérios orientadores.

Portanto, a avaliação de atividades de aprendizagem em equipes ou times requer definição, com clareza, dos critérios que norteiam o processo avaliativo, de modo transparente para quem executa e para o avaliador, e caso surjam dúvidas, estas serão sanadas a partir do que está definido na proposição inicial.

8.4 ENCAMINHAMENTOS FINAIS

> *O trabalho produzido coletivamente possui três funções básicas: a de regulação das aprendizagens, com a organização dos alunos; a socialização dos alunos, desenvolvendo a capacidade de compreender e aceitar a opinião do outro; e a função potencializadora do equilíbrio emocional, que parte do princípio de que todas as pessoas se realizam quando convivem em grupos.*
>
> (Bonals, 2003)

A utilização das atividades em grupo poderia ser mais explorada na educação superior. Uma das decorrências do uso limitado pode ser explicada por meio da experiência que tivemos na nossa formação, em que os trabalhos e as atividades eram realizadas, muitas vezes, em *euquipes*, ou seja, um colega se encarregava de fazer. Ou as tarefas eram divididas e no dia da apresentação ou entrega eram juntadas, sendo partes que compunham um todo sem conexão.

Embora essas experiências estejam no nosso imaginário, não podemos perder a estratégia dos trabalhos de grupos e sua contribuição para o processo avaliativo e de aprendizagem. Em um período no qual se está dando ênfase para o desenvolvimento de competências nos currículos da educação superior, cada vez mais os docentes precisam estar preparados para poder avaliar de maneira diferente e, de modo especial, atividades de grupo.

Ainda há um percurso a ser trilhado por docentes e estudantes da educação superior, para tornar as aprendizagens coletivas um lugar comum no processo educativo. E a avaliação, poder ser beneficiada, de maneira qualitativa, com o uso das atividades coletivas, pois desenvolvem competências fundamentais e valorizadas no mundo do trabalho.

REFERÊNCIAS

ANASTASIOU, L. das G. C.; ALVES, L. P. (org.). **Processos de ensinagem na universidade:** pressupostos para as estratégias do trabalho em aula. Joinvilie: Editora Univille, 2003.

BONALS, J. **O trabalho em pequenos grupos em sala de aula.** Porto Alegre: Artmed, 2003.

DEBALD, Blasius. **Rubrica para avaliação de projetos.** Programa de Apoio Docente. Foz do Iguaçu: UniAmérica, 2022.

LUCK, H.; CARNEIRO, D. G. **Desenvolvimento afetivo na escola:** promoção, medida e avaliação. Petrópolis: Vozes, 1983.

MÉNDEZ, J. M. A. **Avaliar para conhecer, examinar para excluir.** Porto Alegre: Artmed, 2002.

MICHAELSEN, L. K.; KNIGHT, A. B.; FINK, L. D. **Team-Based Learning:** A Transformative Use of Small Groups in College Teaching. Sterling, VA: Stylus Publishing, LLC, 2004.

MICHAELSEN, L. K. Getting started with Team- Based Learning. *In:* MICHAELSEN, L. K.; KNIGHT, A. B.; FINK, L. D. (org.). **Team-Based Learning a transformative use of small groups.** London: Praeger, 2002. p. 27-51.

RIESS, Maria Luiza Ramos. **Trabalho em Grupo:** instrumento mediador de socialização e aprendizagem. Trabalho de conclusão de curso (Graduação em Pedagogia) – Universidade Federal do Rio Grande do Sul, 2010.

WENGER, E.; SNYDER, W. M. Communities of practice: The organizational frontier. **HBR**, v. 78, n. 1, p. 139-146, 2000.

CAPÍTULO 9

AVALIAÇÃO DE ATIVIDADES DE APRENDIZAGEM INDIVIDUAIS

> *[...] um dos eixos centrais da educação, porque através dela é que a gente pode ir equilibrando esse processo, tendo algumas contribuições durante o próprio processo e não apenas após o seu efeito já estabelecido, já visualizado, enfim, a gente pode ir regulando as nossas próprias práticas.*
>
> *(Esteban, 2004, p. 1)*

9.1 PALAVRAS INICIAIS

A avaliação é preocupação constante no cotidiano das instituições de educação superior, pois vivenciamos um cenário marcado pelas transformações curriculares, organizadas por projetos, desafios e competências; pelas estratégias de aprendizagem que desenvolvem a autonomia e o protagonismo estudantil e pela realização de projetos aplicados ao exercício profissional.

Com as mudanças na organização acadêmica, a avaliação requer alinhamentos e ajustes para acompanhar o processo de transformação. E, para que ocorra de modo eficaz, é importante o investimento em formação, para que o docente se sinta seguro ao mudar sua forma de avaliar.

Para que possamos ter mais clareza sobre os objetivos da avaliação, recorremos a Hadji (1994), que os organizou a partir de inventário diagnóstico, da seguinte forma:

a. o estudante tem bom domínio das competências e habilidades necessárias para a aprendizagem de determinado conhecimento;

b. o diagnóstico, que assume o significado de situar o estudante no seu processo de aprendizagem, identificando suas dificuldades;

c. o prognóstico, cuja função é avaliar e orientar o estudante nas escolhas e possíveis caminhos que decida seguir em relação ao seu aprimoramento.

É bom lembrar que aqui não estamos nos referindo ao termo avaliar associado a palavras que têm sentidos sinônimos, tais como provas, testes, trabalhos e resultados alcançados. Defende-se que o processo avaliativo é mais completo e faz parte da construção da aprendizagem, como elemento para verificar o alcance ou não de objetivos ou competências desenvolvidas.

De modo geral, é mais fácil para o docente organizar instrumentos avaliativos a serem aplicados aos estudantes de modo individual, se este for objetivo, uma vez que após sua aplicação, a correção será a partir de um gabarito pronto. Nesses casos, o instrumento aplicado tem como finalidade atribuir uma nota para ser informada para sinalizar o status em que se encontram os estudantes.

Tal modalidade avaliativa requer ressignificação, pois após conhecermos as múltiplas inteligências, não é mais possível avaliar todos os estudantes de uma turma, da mesma forma. Ignorar tal contexto no ato da avaliação é posicionar-se contra o que há de mais inovador no processo avaliativo, sem considerar, obviamente, os objetivos de aprendizagem e o desenvolvimento de competências profissionais.

9.2 PERSPECTIVAS AVALIATIVAS NA EDUCAÇÃO SUPERIOR

> *O papel do avaliador ativo, em termos de processo, transforma-se no de partícipe do sucesso ou fracasso dos alunos, uma vez que os percursos individuais serão mais ou menos favorecidos a partir das suas decisões pedagógicas que dependerão, igualmente, da amplitude das observações.*
>
> *(Hoffmann, 2011, p. 17)*

O processo avaliativo com predominância na educação superior assenta-se no modelo de aplicação de um instrumento, de maneira homogênea, para todos os estudantes. Mesmo que a atribuição da nota, do conceito ou parecer seja individual, o instrumento avaliativo aplicado é idêntico para todos os estudantes. Em oposição a tal pressuposto avaliativo, Bertagna (2006, p. 77) afirma que

> [...] se pretendermos uma outra compreensão do processo de avaliação, ou melhor, se o objetivo é que ela exerça o seu papel no processo de aprendizagem, como um meio e não um fim em si mesma, primeiramente teremos que romper com o caráter classificatório e seletivo do sistema escolar da sociedade capitalista, redimensionando a avaliação no sentido de torná-la um catalisador do desenvolvimento dos alunos, possibilitando-lhes a superação de dificuldades, não enfatizando resultado de aprendizagens (produto) em detrimento do processo de aprendizagem.

Penso que o formato de avaliação mais presente no imaginário dos docentes é o de aplicação de provas ou testes individuais. Passamos parte da nossa vida estudantil, tanto da educação básica quanto da superior, sendo avaliados por provas. O desempenho, ou melhor dizendo, a aprovação, ocorria se tirássemos uma nota igual ou superior à média estabelecida. Portanto, éramos pressionados a tirar uma boa nota na prova para avançar nos estudos.

Independentemente do instrumento de avaliação que aplicamos para verificar se houve ou não aprendizagem, se a competência foi ou não desenvolvida, recomenda-se que elaboremos critérios para orientar o processo, transformando-o mais transparente. Para tanto, Chaves (2003, p. 30) enfatiza que

> [...] as práticas avaliativas no ensino superior devem ser (re) pensadas, no intuito de valorizar o conhecimento que o acadêmico traz de suas raízes e levá-los à busca de apropriação de novos saberes. Saberes esses que identificam os seus anseios da aprendizagem, motivação e interesse pelos assuntos apresentados. As experiências vivenciadas em sala de aula pelos professores e os acadêmicos necessitam ser sintonizadas para que as práticas avaliativas não sirvam para punição e sim para promoção.

Para maior entendimento, vamos dar um exemplo prático cotidiano de como o processo avaliativo individual nem sempre contempla a ação desenvolvida, pois, normalmente, há mais sujeitos envolvidos no momento da realização, mas que são excluídos no momento da avaliação, separando o ato de avaliar do de aprender.

> *"Crer que a avaliação, individualizada, será garantia de que o estudante aprendeu é um equívoco que permeia o processo avaliativo."*

Você já deve ter assistido a um jogo de futebol na televisão. Durante a transmissão, os telespectadores votam no craque do jogo, considerando seu desempenho na partida. Ao fim do embate, o vencedor da votação de craque do jogo é aquele que computou mais votos. O telespectador atribui seu voto, considerando o desempenho do atleta, sua contribuição em passes, jogadas e finalizações.

No exemplo, embora existam critérios para a escolha individual do craque da partida, a avaliação está condicionada ao desempenho coletivo, pois trata-se de um esporte coletivo. O mesmo ocorre quando mediamos processos de aprendizagem para uma turma, de modo equânime, avaliamos com o mesmo instrumento e atribuímos um parecer, escrito ou numérico, conforme o desempenho individual, mesmo que o tempo de aprender e a apropriação tenham sido diferentes.

É importante que tenhamos presente que se quisermos avaliar o desempenho individual, precisamos investir em interações individualizadas, para que consigamos diagnosticar as compreensões, as dificuldades e de que forma podemos auxiliar a melhorar a performance do estudante. Outro elemento é propor avaliações individuais, nas quais o estudante aplique os conhecimentos, para que verifiquemos até que ponto se apropriou da teoria e vislumbra sua aplicação em contextos profissionais.

Na compreensão de Reis (1975, p. 7), a

> [...] aprendizagem individual é qualquer mudança sistemática no comportamento individual ocorrida ao longo de certo período de tempo e que se completa quando o indivíduo atinge um padrão estável de comportamento.

O autor continua em suas reflexões chamando atenção aos elementos que fazem parte do processo de aprendizagem, especificamente os relacionados ao comportamento. Conforme Reis (1975, p. 7-8):

> [...] o comportamento de aprendizagem pode ser analisado em termos de estímulo, resposta e reforço, considerando-se tais variáveis sob condições de laboratório:
>
> **Estímulo** *é qualquer agente ou mudança ambiental capaz de influenciar o comportamento individual.*
>
> **Resposta** é a mudança de comportamento que ocorre na presença de um estímulo.

Reforço *é a condição que faz com que o indivíduo associe uma determinada resposta a um estímulo específico.*

Os instrumentos avaliativos para verificar a aprendizagem de um estudante são variados e, em sua essência, produzem dados que podem servir para reorientar a trajetória formativa. No entanto, quase que em sua totalidade, a aplicação dos instrumentos de avaliação tem como finalidade a atribuição de notas.

> *"O docente, quando planeja o processo avaliativo e o inclui como elemento de aprendizagem, contribui para melhorar a performance do estudante."*

Ao considerarmos a aprendizagem baseada em competências e a forma como impactam no estudante, fica evidente que o seu desenvolvimento o prepara para os desafios do exercício profissional, pois resolve situações reais. É importante ressaltar que as atividades de aprendizagem individual são oportunidades para verificar o status em que se encontra o estudante e de que forma podemos contribuir para seu aprofundamento.

Os instrumentos avaliativos que melhor captam as percepções individuais são os que são realizados pelos estudantes, atendendo às premissas pessoais, associadas ao desenvolvimento de competências profissionais e pessoais, por exemplo:

- **Produção de um texto dissertativo** – que requer propriedade, análise, problematização, interpretação, organização e outros elementos complementares.

- **Produção de um vídeo** – que requer domínio de tecnologia, boa comunicação, apresentação sintética da temática e linguagem para meios digitais.

- **Produção de portfólio** – que requer domínio tecnológico (quando for digital) e de texto (se for escrito), apresentando com clareza e objetividade as etapas do projeto, desafio ou ação.

A organização de atividades de aprendizagem individuais é rotineira e sua vigência tem tornado o processo avaliativo muito preso à verificação dos conhecimentos compreendidos e, de certa forma, memorizados. Isso é decorrente da forma como é executado o currículo, alicerçado no ensino dos conteúdos.

Perrenoud e Thurler (2002, p. 148) entendem que o desenvolvimento do estudante, em seu processo de aprendizagem, constitui-se de etapas, cujos docentes das escolas e das universidades nem sempre estão preparados para encarar, pois

> [...] desde o planejamento das aulas até os processos de avaliação, centram as atenções, como não poderia deixar de ser, na dimensão explícita do conhecimento. Em geral, são examinados os conteúdos disciplinares, expressos por meios linguísticos ou lógico-matemáticos, permanecendo ao largo todas as motivações inconscientes, todos os elementos subsidiários que necessariamente sustentam tais conteúdos. Entretanto quando se pensa na competência como a capacidade de mobilização do conhecimento para a realização dos projetos pessoais, se o papel do conhecimento tácito for subestimado, corre-se o risco de deixar de lado a maior parte do potencial inerente a cada pessoa. Por isso, a ideia de mobilização do conhecimento também está associada à abertura de canais de emergência que possibilitem a cada pessoa o pleno desfrute de suas potencialidades.

Assim, a avaliação requer que se dê atenção aos elementos individuais de cada estudante, para que possamos auxiliar, de maneira mais evidenciada, o seu processo de desenvolvimento pessoal e profissional. Obviamente que conseguiremos avaliar melhor, com mais clareza, se tivermos formação continuada para adaptação aos novos instrumentos e formas de avaliação. Para tanto, as instituições de educação superior e básica precisam investir na formação dos docentes, pois se formos qualificados, conseguiremos melhorar a educação.

> *"O olhar mais individualizado durante o processo de aprendizagem fornece mais elementos ao docente para avaliar, com mais propriedade, o estudante."*

É importante que tenhamos claro que quanto mais individualizado for o processo de aprendizagem, mais elementos teremos para avaliar o desenvolvimento dos estudantes. Portanto, prever momentos individualizados durante os encontros é um passo importante para que consigamos orientar e auxiliar, de maneira mais assertiva, o estudante em sua formação profissional e pessoal.

9.3 AVALIAÇÃO INDIVIDUAL NA PRÁTICA DOCENTE

> *A unidade ensinar/aprender evolui-se a todo instante, enquanto não chegar no auge desejado o professor deve ir cultivando a inteligência do aluno e desenvolvendo-a cada dia como num passe de mágica pois, enquanto o aluno aprende determinada tarefa, novas habilidades são desenvolvidas e, consequentemente suas possibilidades cognitivas vão aumentando até o ponto de estruturar-se e obter outras oportunidades para novas aprendizagens.*
>
> *(Souza, 2002, p. 18)*

Vamos imaginar que você queira qualificar o processo avaliativo. Nesse caso, proponho alguns instrumentos que podem auxiliar na realização de diagnósticos:

- **Relatório** – contemplando as etapas de aprendizagem, problematizando-as e indicando o que foi mais significativo no processo.

- **Diário** – é um registro parecido com o relatório, mas com particularidades, como o registro, descritivo, de todo o processo de aprendizagem, tanto acadêmico quanto pessoal.

- **Observação** – analisa os processos envolvidos e a forma como o estudante se comporta frente aos desafios, projetos ou atividades de aprendizagem.

- **Gravação de vídeos** – registra uma ação, *in loco*, do estudante, de maneira instantânea, e possibilita a avaliação de elementos como a comunicação, o cenário e a técnica de gravação.

- **Portfólio** – ou, na era da tecnologia, *webfólio,* registra, de modo digital, a performance do estudante no seu processo de aprendizagem, com ênfase no que é relevante, sob o aspecto profissional ou pessoal.

- **Blog** – usual em tempos de tecnologias educacionais e explora várias competências requeridas no mundo do trabalho, além de traçar um perfil do autor.

Esses são alguns instrumentos de avaliação que podemos aplicar, individualmente, para verificar o status da aprendizagem do estudante. Sempre é bom lembrar que todos eles têm como finalidade diagnosticar o andamento da aprendizagem para propor formas de melhorá-la e aperfeiçoá-la.

Outro exemplo do cotidiano que auxilia no entendimento no qual a individualidade é importante, mesmo em se tratando de uma atividade coletiva. Refiro-me à modalidade esportiva do revezamento 4 por 4, na qual quatro atletas correm, revezando-se, para, ao fim, verificar qual equipe teve o melhor desempenho. E no caso das Olimpíadas, qual equipe será ouro, prata e bronze.

Cada membro do revezamento tem particularidades e desempenhos que nem sempre são iguais em todos os membros da equipe. Quer dizer que a soma dos esforços individuais coroam o desempenho da equipe. Mas cada um é avaliado pelo seu desempenho individual: largada, corrida, passagem do bastão, arranque, explosão e outros atributos.

No campo educacional, temos uma equipe de 20, 30 ou mais estudantes, que possuem características e tempo de aprender diferentes. Mesmo assim, diferentemente do revezamento, avaliamos todos da mesma forma, não considerando suas especificidades. Ou seja, o mundo real é diferente do da escola e da universidade.

Na educação superior, costumeiramente, avaliamos os estudantes individualmente. Para exemplificar, utilizaremos o curso de Educação Física, e na elaboração do caso, tive o auxílio do colega Douglas Nunes.

Atividade: Criação e organização de evento esportivo.

Competência: Criar e organizar um evento esportivo.

Desenvolvimento da atividade:

1. O professor separa a turma em equipes (média de 4 a 6 alunos).

2. Cada grupo deve criar um evento detalhando todo processo, desde a organização inicial, delegação de tarefas até a divulgação do evento.

3. O evento deve atender à necessidade da população da cidade de Foz do Iguaçu.

4. Planejar quais serão os custos e investimentos necessários para a realização do evento.

5. Os estudantes serão avaliados por sua capacidade de trabalhar em equipe, criatividade na criação do evento e organização para fazer com que seja viável a sua execução.

Mesmo que a atividade seja em grupo, parte da avaliação será individualizada, para verificar o desenvolvimento de competências fundamentais de um educador físico, como:

- Interagir em equipes de trabalho.

- Contribuir em ideias, ações e no planejamento.
- Capacidade criativa e organizacional.

Cipriano Luckesi (1999) traz uma contribuição importante em relação à avaliação da aprendizagem, entendendo-a não como a tirana da prática educativa, que ameaça e submete a todos. O autor destaca que precisamos parar de confundir avaliação da aprendizagem com exames. No seu entendimento, a avaliação da aprendizagem, por ser avaliação, é: amorosa, inclusiva, dinâmica e construtiva. Diferente dos exames, que não são amorosos, são excludentes, não são construtivos, mas classificatórios. A avaliação inclui, traz para dentro; os exames selecionam, excluem, marginalizam.

Se formos pensar a avaliação conforme a proposta de Luckesi (1999), então, será um acréscimo qualitativo ao processo de aprendizagem, pois a preocupação será com o desenvolvimento do estudante e não a nota. Aparentemente, parece ser mais simples e fácil avaliar atividades, desafios ou projetos realizados individualmente pelo estudante. E, em parte, é verdade, pois se elaborarmos um instrumento objetivo, que requeira aplicação dos conhecimentos em situações reais da profissão, a correção é mais rápida. Mas, nesse caso, aspectos qualitativos, como o trabalho em equipe, a discussão de ideias e concepções, a partilha de opiniões sobre determinada ação não ocorrerá e, a meu ver, perde-se elementos ricos do processo avaliativo.

É importante destacar o pensamento de Hoffmann (2014, p. 72-73) em relação ao ato de avaliar. Conforme a autora, a avaliação deve:

> Possibilitar aos estudantes expor suas ideias e criatividades;
>
> Criar debates a partir de uma situação problema, com o intuito de fazer que os estudantes avaliem prováveis soluções;
>
> Oportunizar aos estudantes tarefas individuais, procurando ouvi-los e valorizar as suas ideias;

Realizar debates sobre as tarefas dos estudantes identificando dificuldades e realizando conversas tendo como objetivo levá-los a observar falhas e analisar melhores soluções;

Favorecer ao estudante a construir um aprendizado significativo;

Transformar os registros de avaliação, em anotações significativas, sobre o acompanhamento dos estudantes em seu processo de construção do conhecimento.

Em um estudo de Oliveira *et al.* (2003), os autores apresentam que o estudo personalizado se constitui em uma das promessas mais significativas para a EaD, pois prega a adaptação do contexto da aprendizagem ao estudante específico, ao contrário do ensino tradicional, que, a partir de uma sequência e método padronizados, transfere ao estudante a responsabilidade de se adaptar. O cruzamento de dados do ambiente virtual, desempenho nas atividades, acesso ao conteúdo e rubricas podem gerar um diagnóstico personalizado, fornecendo ao docente uma ampla visão do desenvolvimento do estudante e do seu perfil, permitindo apontar caminhos específicos para o seu avanço no processo educativo.

9.4 ENCAMINHAMENTOS FINAIS

> *[...] cada um, ao possuir diferentes saberes e competências, fruto de suas vivências e experiências pessoais, vai ter de negociar significados e representações de onde possam surgir conflitos entre ambos, embora mantendo um nível mínimo de compreensão mútua.*
> *(Carvalho, 2005, p. 16)*

Repensar a forma como organizamos as avaliações individuais, valorizando aspectos qualitativos, trata-se do desafio das instituições, dos gestores e docentes. Entendemos que a ação é necessária, uma vez que estamos preocupados em melhorar a aprendizagem dos estudantes.

Assim, no momento da elaboração de instrumentos avaliativos, pensemos de que forma poderão trazer subsídios que melhorem o processo educativo, distanciando-se da ideia de memorização e reprodução.

Constitui, portanto, nosso desafio como docentes encontrar possibilidades no planejamento e execução dos processos educativos, momentos de interação individualizada com os estudantes, a fim de enriquecer o processo avaliativo, valorizando as conquistas e os avanços realizados. E, assim, oportunizar aprendizagem mais significativa e efetiva.

REFERÊNCIAS

BERTAGNA, R. H. Avaliação escolar: pressupostos conceituais. *In:* BERTAGNA, R. H.; MEYER, J. F. da C. A. **O ensino, a ciência e o cotidiano**. São Paulo: Alínea, 2006.

CARVALHO, C. Comunicação e interações sociais nas aulas de Matemática. *In:* LOPES, C.; NACARATTO, A. (org.). **Escritas e leituras na Educação Matemática**. Belo Horizonte: Autêntica, 2005, p. 15-34.

CHAVES, S. **Avaliação da aprendizagem no ensino superior:** realidade, complexidade e possibilidades. São Paulo: USP, 2003.

HADJI, C. **A avaliação, regras do jogo**. 4. ed. Portugal: Porto, 1994.

HOFFMANN, J. **O jogo do contrário em avaliação**. 9. ed. Porto Alegre: Mediação, 2014.

LUCKESI, C. C. **Avaliação da aprendizagem escolar:** estudos e proposições. São Paulo: Cortez, 1999.

OLIVEIRA, J. P. M de. *et al.* **Adaptweb:** um ambiente para ensino-aprendizagem adaptativo na Web. Curitiba: Editora UFPR, 2003. p. 175-197.

PERRENOUD, P.; THURLER, M. G. **As competências para ensinar no século XXI:** a formação dos professores e o desafio da avaliação. Porto Alegre: Artmed, 2002.

REIS, D. A. dos. Estrutura de organização e comportamento de aprendizagem. **Revista de Administração de Empresas**, Rio de Janeiro, v. 15, n. 2, p. 7-16, mar./abr. 1975.

SOUZA, T. M. M. **Avaliação da aprendizagem escolar.** Monografia (Graduação em Pedagogia) – Universidade Candido Mendes, Rio de Janeiro, 2002.

CAPÍTULO 10

AVALIAÇÃO EM AMBIENTES DE APRENDIZAGEM VIRTUAIS

> *[...] avaliação de AVA pode tomar como base para sua investigação, as condições em que a aprendizagem se realiza (estrutura), os modos pelos quais os estudantes são capazes de interagir sendo apoiados nas suas atividades (processos) e o alcance dos objetivos e das metas propostas (resultados).*
>
> (Mozzaquatro; Medina, 2008, p. 3)

10.1 PALAVRAS INICIAIS

As inovações introduzidas na formação profissional incluem a avaliação como elemento importante para aprimorar as práticas pedagógicas. Desse modo, a abordagem da Avaliação em Ambientes Virtuais de Aprendizagem (AVA), evidencia desde a implementação de percentual de virtualidade em cursos superiores até o avanço da educação a distância.

A utilização de AVAs na educação superior não é novidade, uma vez que seu uso é frequente para os conteúdos, especialmente quando se aplica a sala de aula invertida. Os estudantes estão familiarizados com a utilização do AVA, mas quanto à avaliação, ainda há receios por parte dos docentes, especialmente aqueles que aplicam instrumentos avaliativos que requerem memorização e reprodução.

Assim, a avaliação em ambientes de aprendizagem deve seguir algumas premissas, entre elas a que permite avaliar o avanço do estudante, mesmo que mediante a aplicação de instrumentos avaliativos virtuais. Para que possamos ter boa compreensão do que é o Ambiente Virtual de Aprendizagem, recorremos a Nielsen (1993), que sugere os dez princípios fundamentais da usabilidade:

- **Visibilidade do status do sistema:** o sistema deve manter o usuário informado sobre o que ocorre durante a conexão e fornecer feedback adequado, no menor espaço tempo possível.

- **Compatibilidade do sistema com o mundo real:** o sistema requer linguagem de fácil entendimento do usuário, utilizando palavras e conceitos acessíveis, para se fazer compreender.

- **Controle do usuário e liberdade:** os usuários, com frequência, escolhem funções do sistema por engano e buscam alternativas, de fácil manobra, para sair da situação indesejável sem recorrer à ajuda externa ou de suporte.

- **Consistência e padrões:** os usuários não devem ser confundidos com palavras ou comandos de sentido contrário, portanto, uniformizar a linguagem para facilitar a compreensão.

- **Prevenção de erro:** prever formas de evitar problemas ou erros, pois ao evita-los, diminui-se a ocorrência de situações indesejadas por parte do usuário.

- **Reconhecimento em vez de memorização:** tornar visíveis os objetos, as ações e opções para o usuário, evitando a necessidade de memorização.

- **Flexibilidade e eficiência no uso:** teclas ou outros recursos de atalho requerem celeridade na interação com o usuário para tornar a experiência com o sistema eficiente.

- **Estética e design minimalista:** os diálogos, quando for o caso, não devem conter informações sem relevância ou que sejam desnecessárias.

- **Ajudar o usuário a reconhecer, diagnosticar e corrigir erros:** as mensagens de erro, quando for o caso, requerem redação em formato de linguagem clara, sem códigos, indicando o problema e sugerindo soluções.

- **Ajuda e documentação:** a busca por informações deve ser facilmente localizada na aba da tarefa do usuário, listando o passo a passo de maneira clara e objetiva e com breves orientações.

Caso as Instituições de Ensino Superior sigam as orientações na configuração dos AVAs proposta por Nielsen (1993), os estudantes e docentes não terão dificuldades com a adaptação, que aparece com um dos problemas de resistência para a utilização das tecnologias educacionais.

10.2 EDUCAÇÃO SUPERIOR E TECNOLOGIAS EDUCACIONAIS

> [...] a inovação não é a mesma coisa para quem a promove, para quem a facilita, para quem a põe em prática ou para quem recebe seus efeitos.
>
> Portanto, a definição do que constitui uma inovação resulta da confluência de uma pluralidade de olhares e opiniões que procedem dos que têm algum tipo de relação com ela.
>
> (Hernández et al., 2010, p. 19)

A educação superior da terceira década do século XXI caracteriza-se pelo conjunto de inovações colocadas em prática, com a finalidade de tornar a aprendizagem mais ativa e significativa. No contexto de mudanças está a educação híbrida, as transformações da educação à distância e o aumento da virtualização nos cursos presenciais. Palavras como encontros síncronos ou assíncronos são comuns no meio educacional, tanto para os docentes quanto para os estudantes. Alguns fatores requerem atenção quando se busca a adesão dos docentes na utilização das tecnologias em sala de aula. Para Martins (2015, p. 22)

> [...] experiência prévia em tecnologia, ou seja, a formação do professor precisa ser considerada; crenças, percepções, atitudes com relação à tecnologia; idade; experiência no magistério; carga de trabalho; habilidades de uso do computador; entre

outros e também o próprio contexto, o que inclui ainda o clima tecnológico na instituição entre professores, apoio administrativo, infraestrutura, etc.

Se a educação superior está cada vez mais conectada e digitalizada, alguns modelos de ensino já não são mais tão usuais, como o de transmissão dos conteúdos. Contudo, a interação entre docentes e estudantes continua tendo importância, pois o tripé saber, saber fazer e fazer requer orientação, feedback e parceria para que se alcance o desenvolvimento das competências ou dos objetivos de aprendizagem.

Para os autores James, Mclnnis e Devlin (2002, p. 4), as principais vantagens e desvantagens da avaliação em ambientes virtuais:

- Incentiva o desenvolvimento de habilidades importantes nos atuais ambientes econômicos e sociais, como a comunicação, o trabalho em equipe e o pensamento crítico;

- Reduz tempos e custos, já que facilita o uso de técnicas para avaliar grupos mais numerosos e diversificados;

- Possibilita o desenvolvimento de novas formas de avaliação e sua integração com outras atividades da aprendizagem, assim, como um feedback imediato de seus resultados;

- Oferece maiores oportunidades para praticar os conhecimentos e competências adquiridas;

- O principal problema da avaliação em um ambiente virtual ou a distância costuma ser o da confiabilidade, dado que "pode induzir ao plágio.

Os procedimentos requeridos para organizar a avaliação on-line se orientam por uma tendência mais tradicional de avaliação, por exemplo, questões objetivas, dissertativas ou algo desse gênero, não contemplando tipologias variadas de avaliação. A educação on-line deu pouca atenção à avaliação, pois de certa forma, transplantou o modelo presencial para o digital, incluindo o ato de avaliar.

> *"A avaliação em ambientes virtuais de aprendizagem requer alinhamento com o propósito da modalidade e não reproduzir o que ocorre na presencialidade."*

As limitações da avaliação on-line são superadas mediante uma formação docente com tal finalidade e, sobretudo, com orientação quanto ao planejamento das atividades de aprendizagem, como os que exploram os recursos colaborativos, apoiados em desafios e problemas. Para Morgan e O'Reilly (2002, p. 30-32), os aspectos fundamentais a serem considerados nos processos avaliativos em Ambientes Virtuais de Aprendizagem devem considerar:

> Clara fundamentação e enfoque pedagógico consistente: As decisões tomadas em relação às avaliações a distância devem ter bases fundamentais explícitas e não só a promessa de uma aprendizagem centrada no estudante. Do mesmo modo, dado que as tarefas avaliadoras orientam a aprendizagem, devem ser significativas e desenvolver as possibilidades desejadas. O enfoque pedagógico utilizado deve ser consequente e bem alinhado com todos os componentes do processo instrucional, entre eles, as decisões a respeito das avaliações.
>
> Valores, propósitos, critérios e padrões explícitos: Os valores que consolidam o modelo da avaliação, assim como os critérios utilizados para julgar as conquistas dos estudantes, devem ser conhecidos por estes, já que isso pode ajudá-los a tomar decisões sobre a forma de focar sua aprendizagem (PCN, 1997).
>
> Tarefas de avaliação autênticas e holísticas: Os estudantes se motivam para ocupar-se com eventos da vida real e com problemas de seus mundos pessoais e de trabalho, quando se atribuem tarefas de avaliação autênticas. As tarefas holísticas criam oportunidades para que os estudantes virtuais se comprometam com avaliações aplicadas, tais como os estudos de casos, os cenários e projetos.

Grau facilitador de estrutura: Seu principal propósito é possibilitar, intencionalmente e de maneira progressivas, no estudante habilidades direcionadas à auto orientação, como lembrança de informação, estabelecimento de objetivos, pensamento crítico autogestão e autoavaliação, promovendo-se, dessa maneira, a mudança de controle do professor ao controle do estudante.

Suficiente avaliação formativa e em tempo: Tanto a avaliação formativa como a somativa devem entrelaçar-se estrategicamente para motivar e proporcionar alguma estrutura à aprendizagem, criar uma fonte de diálogo e ajudar os estudantes a obterem uma visão de seu progresso.

Conhecimento do contexto de aprendizagem e percepções: O planejamento das avaliações a distância deve considerar o conhecimento dos contextos dos estudantes, assim como de suas percepções a respeito das tarefas de avaliação.

A avaliação dos estudantes em Ambientes Virtuais de Aprendizagem ainda é realizada de modo mais tradicional, baseando-se em:

- **Fórum de discussão** – geralmente organizado pelo docente e que requer a participação dos estudantes, mediante comentários, considerações, respostas e outras formas de manifestação.

- **Produção de textos diversos** – sobre temáticas indicadas pelos docentes, geralmente associadas aos conteúdos disponibilizados ou temáticas correlatas.

- **Lista de exercícios ou questionários** – que servem como fixação dos conhecimentos contemplados nos componentes curriculares.

- **Chat** – para estimular a participação dos estudantes, gerando o engajamento.

- **Elaboração de artigo** – especialmente para finalização do curso.

- **Mapas conceituais** – servem para fixar os conhecimentos e enfatizar, de maneira sintética, o que é essencial para a compreensão.

- **Prova com ou sem supervisão** – para avaliar e atribuir uma nota para o respectivo componente curricular.

São essas as formas que encontramos, de modo geral, como propostas avaliativas em Ambientes Virtuais de Aprendizagem. Estas tendem a avaliar a participação, o engajamento, o acesso aos materiais, a escrita e a capacidade de compreensão. Em outras palavras e de maneira simplista, se o estudante sabe escrever, ler, interpretar e ter um bom desempenho nas avaliações. É a síntese do modelo de aprendizagem tradicional, baseado em estudar, fazer provas e ser ou não aprovado.

> *"A cultura avaliativa em ambientes virtuais de aprendizagem requer planejamento e, principalmente, um olhar mais técnico do que pedagógico."*

Há, no entanto, outras possibilidades mais inovadoras para organizar o processo avaliativo em Ambientes de Aprendizagem Virtuais. São instrumentos que exploram elementos que vão além da compreensão, fixação e reprodução. Apresentamos alguns exemplos:

a. **Elaboração de projetos** – valoriza a criação, a inovação e o empreendedorismo do estudante, uma vez que, ao fim do processo de aprendizagem, o estudante apresenta uma solução em nível acadêmico.

b. **Resolução de desafios** – auxiliam o desenvolvimento do pensamento crítico, analítico e propositivo a partir de um desafio elaborado pelo docente, com aplicação dos conhecimentos em situações profissionais.

c. **Estudo de casos** – estimulam os estudantes a pensarem como profissionais e a tomarem decisões no âmbito da profissão, reforçando a aplicação dos conhecimentos em situações da futura atuação profissional.

Os três exemplos saem um pouco da configuração habitual dos Ambientes Virtuais de Aprendizagem, que quase não oferecem interatividade, embora sua utilização seja com frequência em curso de graduação em nível superior.

10.3 APLICAÇÃO EDUCACIONAL COM UTILIZAÇÃO DE AVA

> *O ambiente virtual deve ser organizado pedagogicamente pelos gestores, de maneira que proporcione atitudes e ações de participação ativa e oportunidades de interação entre os alunos, para que possam cooperar com o grupo e se sentirem desafiados a desempenhar seu papel na construção do conhecimento.*
>
> *(Ferreira, 2014, p. 55).*

A avaliação em Ambientes Virtuais de Aprendizagem é pensada para aplicação em escala. Portanto, precisa ser organizada na lógica otimizada para não onerar. Para Ryan *et al.* (2002, p. 21), alguns princípios podem ser considerados como vantajosos ao pensarmos a avaliação virtual, entro os quais destaca:

- Economia de tempo quanto ao desenvolvimento e distribuição, já que as avaliações podem ser criadas através de ferramentas de software e adaptadas e reutilizadas em função das necessidades específicas, para, em seguida, serem distribuídas e reunidas através do ambiente virtual com que se esteja trabalhando;

- Redução do tempo coleta, de forma que se as atividades forem corrigidas pelo computador, ou se reduzir o tempo de correção, os resultados podem ser enviados e conhecidos rapidamente pelos alunos, que podem usar essa informação para responder e sanar suas deficiências;

- Redução dos recursos necessários;
- Conservação dos registros de resultados de cada um dos alunos participantes no processo de ensino virtual;
- Aumento da comodidade, tanto para o docente quanto para os discentes;
- Aumento da facilidade de uso dos dados.

Tentaremos exemplificar como na vida real os Ambientes Virtuais estão presentes em nossa vida. Imaginemos que você foi ao supermercado, fez as compras, pagou-as e recebeu um cupom para concorrer a sorteios e prêmios. Contudo, para participar dos sorteios de prêmios, precisa realizar o seu cadastro, com seus dados pessoais, além, é claro, do código do cupom. O supermercado estimulou você a se cadastrar, e, caso autorize, receberá promoções futuras, mas há também o elemento de fidelização, pois se você faz o cadastro é porque tem alguma afinidade com a empresa.

É um exemplo simples, mas que representa nossa conexão com ambientes virtuais. O fato de você acessar o site e se cadastrar faz ter uma experiência de usuário parecida com a do estudante quando faz um curso superior e a instituição tem um ambiente de aprendizagem. Há casos também em que podemos avaliar o atendimento, atribuindo uma nota, um símbolo ou outra forma que represente nossa satisfação.

> *"A familiarização com os Ambientes Virtuais de Aprendizagem é desafiadora para a prática docente e requer dose de encorajamento."*

Na educação superior, os princípios de estímulo, significado, fidelização e engajamento também precisam ser considerados no processo de aprendizagem virtual, bem como o de avaliação. Apresentaremos um exemplo para melhor compreensão de como os Ambiente Virtuais de Aprendizagem podem fazer parte da avaliação, desde que o planejamento docente seja realizado para essa finalidade. O exemplo é do curso de Publicidade e Propaganda.

Competência: elaborar um projeto de peça visual de um produto, utilizando como ferramenta metodológica o framework ágil. Para que o estudante consiga criar um projeto de peça visual de um produto, utilizando o framework ágil, precisa orientar-se pelos seguintes passos:

1º – Apropriar-se da metodologia do Scrum, um modelo de framework ágil muito útil para o acompanhamento dos projetos, dos processos e das rotinas de gestão de projetos de comunicação.

2º – Aplicar o Scrum na gestão de projetos em agências de publicidade, agências de comunicação digital, empresas jornalísticas e assessorias de comunicação.

3º – Mapear os desafios da gestão de projetos e a metodologia ágil.

4º – Criar um projeto de peça visual de um produto utilizando como ferramenta metodológica o framework ágil.

Algumas considerações em relação ao uso da metodologia que possam auxiliar os estudantes:

- É uma alternativa ao modelo tradicional de gestão de projeto, pois requer aplicação dos conhecimentos em situações profissionais.

- As entregas parciais dinâmicas e constantes oportunizam dar feedbacks para ajustes e melhorias;.

- Estimula a adaptação contínua e a atuação em equipe, valorizando as competências pessoais e profissionais.

A avaliação é orientada a partir dos critérios estabelecidos e o docente verifica, etapa por etapa, a realização do estudante, fornecendo feedback sobre o que é assertivo e o que requer ajustes ou melhorias. Assim, ajudará o estudante a desenvolver-se na perspectiva de um profissional e não a de realização de uma atividade acadêmica para ser entregue e avaliada pelo docente.

10.4 ENCAMINHAMENTOS FINAIS

> Os AVA agregam interfaces que permitem a produção de conteúdos e canais variados de comunicação; permitem também o gerenciamento de banco e dados e o controle total das informações circuladas no e pelo ambiente. Essas características vêm permitindo que um grande número de sujeitos, geograficamente dispersos pelo mundo, possa interagir em tempos e espaços variados.
>
> (Santos, 2012, p. 226)

É verdade que a educação digital, virtual ou on-line tem crescido nos últimos anos, indicando que em breve será superior ao presencial. Isso, por sua vez, requer rever a forma de avaliação, adaptando-a ao formato de modelo de aprendizagem, incluindo-a como parte do processo.

Aos docentes, fica o desafio de pensar instrumentos que dialoguem com os estudantes, oportunizem possibilidades e rompam com os modelos tradicionais em vigor. O estudante, parte principal interessada, deve ser avaliado pelas etapas, produção e, ao mesmo tempo, receber feedback do realizado, indicando como pode aperfeiçoar sua aprendizagem.

O momento é propício para repensar os instrumentos avaliativos requeridos para o ato de avaliar em Ambientes Virtuais de Aprendizagem. O avanço da educação on-line requer que novas possibilidades avaliativas sejam criadas para transformar a avaliação como elemento agregador ao processo de aprendizagem. E entender que um currículo transformador requer que a avaliação seja compreendida como parte do processo de aprendizagem. Para Silva (2006, p. 23), "a avaliação da aprendizagem na sala de aula online requer rupturas com o modelo tradicional de avaliação historicamente cristalizado na sala de aula presencial.".

Se o professor não quiser subutilizar as potencialidades próprias do digital, on-line, ou se não quiser repetir os mesmos equívocos da avaliação tradicional, então terá que buscar novas posturas, novas estratégias de engajamento no contexto mesmo da docência e da aprendizagem, sendo capaz de redimensionar suas práticas de avaliação da aprendizagem e da própria atuação.

A avaliação em Ambientes Virtuais de Aprendizagem requer muita criatividade por parte dos docentes, bem como tempo maior de planejamento. Contudo, as ações serão mais eficazes e a avaliação fará parte do processo, à medida que formos capazes de mesclar elementos síncronos e assíncronos, aumentando o tempo de interação entre estudantes e docentes.

REFERÊNCIAS

BALULA, A.; MOREIRA, A. Hows and Whys in Online Assessment. **International Journal of Information and Operations Management Education**, v. 3, n. 4, p. 382-391. Inderscience Publishers. 2010.

FERREIRA, J. L. *Moodle:* ambiente virtual de aprendizagem. *In:* COSTA, M. L. F.; ZANATTA, R. M. (org.). **Educação à Distância no Brasil:** aspectos históricos, legais, políticos e metodológicos. Maringá: Eduem, 2014.

JAMES, R.; MCLNNIS, R. DELVIN, M. **Assessing Learning in Australian Universities:** ideas, strategies and resources for quality in student assessme nt. Centre for the Study of Higher Education, The University of Melbourne, Victoria, Australia. 2002. Disponível em: http://www.cshe.unimelb.edu.au/. Acesso em: 20 jun. 2021.

HERNÁNDEZ, F. *et al.* **Aprendendo com as inovações nas escolas.** Tradução de Ernani Rosa. Porto Alegre: Artes Médicas, 2010.

MARTINS, C. B. M. J. **A integração da tecnologia nos cursos de licenciatura em letras do estado do Paraná a partir da perspectiva dos professores:** um estudo de métodos mistos. Tese (Doutorado em Tecnologia) – Programa de Pós-Graduação em Tecnologia. Curitiba: UTFP, 2015.

MORGAN, C.; O' REILLY, M. **Assessing open and distance learners.** London: Kogan Page, 2002.

NIELSEN, J. **Usability Engineering.** Oxford: Academic Press, 1993.

RYAN, S. *et al.* **The Virtual University:** the internet and Resource-Based Learning. London: Kogan 2002.

SANTOS, E. O. dos. Educação online. Articulação dos sabres na EAD online: por uma rede de interdisciplinar e interatividade de conhecimento em ambientes virtuais de aprendizagem. *In:* SILVA, M. (org.). **Educação online:** teorias práticas legislação formação corporativa. São Paulo: Loyola, 2012.

SILVA, Marco. O Fundamento comunicacional da avaliação da aprendizagem na sala de aula online. *In:* SILVA, Marco; SANTOS, Edméa (org.). **Avaliação da Aprendizagem em Educação Online**. São Paulo: Loyola, 2006.

ALGUMAS CONSIDERAÇÕES FINAIS...

O processo avaliativo é um dos maiores desafios para os docentes da educação superior e básica que atuam em sala de aula e que estão compromissados com a formação profissional dos estudantes. Questões como currículo, metodologia, didática, recursos e atividades engajadoras os docentes até conseguem com relativa facilidade se apropriar, contudo, quando o assunto é avaliação, há mais cautela e receio, pois a experiência que tiveram ao longo de sua trajetória formativa sempre foi mediante provas.

Ao longo das páginas desta obra, procuramos apresentar várias possibilidades ou alternativas para uma mudança no ato de avaliar. São contribuições que foram vivenciadas e construídas ao longo de nossa trajetória profissional como docentes de instituições públicas e privadas, mas que marcaram o processo formativo dos nossos estudantes.

O leitor mais atento perceberá que não há muitas novidades no que estamos apresentando neste livro, no entanto, a aplicabilidade talvez seja o diferencial, uma vez que focamos em destacar exemplos e modelos práticos para facilitar o entendimento e a compreensão docente.

A essência da inovação em avaliação está em deixar a lógica centrada na memorização e reprodução (provas) para o diagnóstico de aprendizagem (desenvolvimento de competências profissionais ou de objetivos de aprendizagem). É nesse contexto que o estudante passará a pensar na lógica do fazer acadêmico para a de fazer profissional.

Não há mais espaço para processos avaliativos que se centram em "pegadinhas" ou que exigem do estudante meramente conhecimentos teóricos. Para que possamos avaliar se houve aprendizagem, espera-se que o docente elabore instrumentos nos quais exija-se aplicabilidade dos conhecimentos, pois dessa forma estará relacionando a teoria com o campo profissional.

Há uma variedade de instrumentos avaliativos disponíveis e, evidentemente, elaborar um que tenha como finalidade avaliar a aprendizagem, o desenvolvimento de competências ou se os objetivos de aprendizagem foram alcançados requer mais tempo e esforço por parte do docente. No entanto, é com essas alternativas avaliativas que vamos contribuir na formação de profissionais que farão a diferença no mundo do trabalho.

Por fim, *Avaliação inovadora: novas práticas avaliativas em sala de aula* pretende ser um exercício de reflexão para que os docentes se questionem quanto à eficácia de suas práticas avaliativas e, quem sabe, a obra poderá auxiliar nesse reexame de procedimentos quando o assunto é avaliação. Não temos a pretensão de ensinar ninguém a avaliar, mas sim contribuir a lançar novos olhares sobre o que pode vir a ser o ato de avaliar na educação superior e básica brasileira.

ÍNDICE REMISSIVO

A

ambiente virtual de aprendizagem
aprendizado
aprendizagem baseada em projetos
aprendizagem em equipes
autoavaliação
autonomia
avaliação
avaliação2
avaliação formativa
avaliação mediadora
avaliação por competências

C

competências
competências profissionais
componente curricular
critérios
currículo

D

desempenho
diagnóstico

E

educação básica
educação superior

exercício profissional

F

feedback
formação continuada
formação profissional
formativo

H

habilidade

I

inovação
instrumentos avaliativos

M

mediação
memorização
metodologia
metodologias ativas

O

objetivos
orientação

P

percurso
planejamento docente
portfólio
práticas avaliativas
processo avaliativo
processo de aprendizagem

processo educativo
processofólio
projetos

R

registros
reprodução
resolução
resultado
roteiro

S

sala de aula
situações profissionais

T

tecnologias educacionais

W

webfólio